puttys pädagogische paperbacks

PPP 4

SPIELE FÜR ALLE

in Hof und Halle

von Erich Marx

Hans Putty Verlag · Wuppertal 1986

Erschienen im Hans Putty Verlag
Postfach 13 09 46, D-5600 Wuppertal 1

Zeichnungen: Karlheinz Grindler, Leinfelden
Gesamtherstellung: Druckerei Schanze GmbH, Kassel

3. Auflage der Neubearbeitung mit 105 Zeichnungen
ISBN 3-87650-020-6

Inhalt

Spiele für 9—11jährige

Spiele für 11—14jährige

Vorwort

Das Interesse der breiten Öffentlichkeit richtet sich im allgemeinen auf die großen Kampfspiele. Lehrer wie auch Schüler übersehen oft, daß die großen Spiele außergewöhnliche Anforderungen an Gewandtheit und Koordinationsfähigkeit stellen. Viele kleinen Spiele jedoch enthalten Spielelemente der großen Spiele und bilden die technische Voraussetzung derselben.

Die erstmals 1952 erschienenen „Spiele für alle" der Autoren Inge Heuser – Erich Marx wurden neu bearbeitet, erweitert und mit Zeichnungen von Karlheinz Grindler wirkungsvoll belebt.

Das vorliegende, neu gestaltete Buch ist dem Andenken der inzwischen verstorbenen Inge Heuser gewidmet.

Leise – Laut

4–7jährig

Geräte: keine

Die Kinder bewegen sich zwanglos im Raum. Ruft die Leiterin oder der Lehrer das Wort „Leise“, dann gehen oder laufen die Kinder so leise auf den Zehenspitzen, daß fast nichts zu hören ist. Beim Wort „Laut“ stampfen und trampeln die Kinder, so daß man meinen könnte, eine Herde Elefanten ist unterwegs.

Die Kinder bewegen sich vorwärts, rückwärts, seitwärts. Die Kinder geben sich zu zweien, dreien, vieren die Hand und schleichen oder stampfen in Linie, in Reihe, in Schlangenlinien, im Kreis u. ä. durch den Raum.

Die Kinder ahmen nach

4–7jährig

Geräte: keine

Die Kinder gehen oder laufen kreuz und quer durcheinander. Die Leiterin oder der Lehrer(in) ruft einen Begriff, die Kinder versuchen diesen Begriff durch ihre Bewegungen auszudrücken, bzw. nachzuahmen.

Großer Riese	–	Hände hochstrecken, Zehenstand
Kleiner Zwerg	–	zusammenkauern, tiefer Hockgang
Eisenbahn	–	Arme angebeugt vor- und zurückführen
Flieger	–	Arme seitwärts, Kurven laufen
Windmühle	–	Arme neben dem Körper kreisen
Bäumchen im Wind	–	Arme hoch, seitwärts, vorwärts, rückwärts beugen
Holzhacken	–	Arme durch die gegrätschten Beine schlagen
Wäsche aufhängen	–	vorwärts tief beugen, hochstrecken usw.

Tiere nachahmen

4–7jährig

Geräte: keine

Die Kinder gehen oder laufen zwanglos durch den Raum. Die Leiterin oder der Lehrer(in) ruft Tiernamen und die Kinder versuchen durch ihre Bewegungen die charakteristischen Bewegungen des betreffenden Tieres nachzuahmen.

Storch	–	gehen mit weiten Schritten
Elefant	–	stampfen
Frosch	–	in der Hocke weite Sprünge ausführen
Schlange	–	auf dem Boden liegend vorwärtskriechen
Maikäfer	–	auf dem Rücken liegend mit den Beinen strampeln
Pferd	–	durch den Raum galoppieren
Katze	–	durch den Raum schleichen
Spatz	–	laufen und die zur Seite ausgestreckten Arme auf und ab schlagen
Hund	–	auf allen Vieren vorwärts laufen
		usw.

Elfen und Riesen
4—7jährige

Geräte: keine
Die Mädchen sind die Elfen und die Jungen sind die Riesen. Zu Beginn tanzen die Elfen frei im Raum umher, während die Riesen hinter einer Linie auf der Lauer liegen. Auf Warnruf des Lehrers oder der Leiterin: „Die Riesen kommen!" stürzen sich die Riesen auf die Elfen, die ihrerseits gerettet sind, wenn sie hinter eine bestimmte Linie oder in ein Mal flüchten. Die gefangenen Elfen müssen mit den Riesen gehen. Das Spiel beginnt von neuem. Das Elflein, das sich am längsten hält, ist Elfenkönigin. Man kann den Elfen auch Zufluchtsinseln geben, doch dürfen auf jeder Insel nur 3 Elfen Zuflucht suchen.

Schlangenkönig
4—7jährig

Geräte: ein Seil
ein Kind zieht als Schlangenkönig ein Seil (Springseil) in Schlangenbewegungen durch den Raum. Die nach dem Seil jagenden Kinder versuchen, darauf zu treten. Wer dies erreicht, wird Schlangenkönig.

Schattenfangen

4—7jährig

Geräte: keine

Dieses Spiel kann nur bei Sonnenschein gespielt werden. Ein Kind ist Fänger und versucht, sich zu befreien, indem es auf den Schatten eines anderen Kindes tritt. Man kann dem Fänger auch einen Stock in die Hand geben, mit dem er den Schatten berühren muß.

Riese bewacht den Schatz
4—7jährig

Geräte: ein oder mehrere Bohnensäckchen (Bälle)
In der Mitte der Halle oder des Spielplatzes ist die Insel des Riesen. Der Riese schläft, und der Schatz (Bohnensäckchen, Ball, Band oder Tuch) liegt in seiner Nähe auf der Insel. Die Kinder schleichen sich von allen Seiten ganz leise an den Riesen heran und versuchen, ihm den Schatz zu stehlen. Wenn der Riese erwacht und aufsieht, müssen alle Kinder wie Säulen stehen. Sieht der Riese ein Kind, das sich noch bewegt, so schickt er es zurück zu seinem Ausgangspunkt. Hat ein Kind den Schatz gestohlen, sucht der Riese es einzuholen, bevor er zu Hause ist. Hat er keinen Erfolg, so wird dieses Kind nun Riese.

Verkehrspolizei

4–7jährig

Geräte: keine

Die Spieler stehen in vier Gruppen in den vier Ecken der Halle oder des Hofs hinter einer Linie. Der Verkehrspolizist ist von allen gleich weit entfernt und steht in der Mitte. Durch Ausstrecken der Arme gibt er an, in welcher Richtung der Verkehr freigegeben ist. Die in dieser Richtung stehenden Gruppen müssen dann möglichst schnell den Platz tauschen. (Dabei nicht rempeln!) Die Gruppe, die zuerst vollzählig wieder auf der gegenüberliegenden Seite angekommen ist, hat gewonnen.

Abänderung: Statt des einfachen Laufens können auch andere Formen der Bewegung für den Platzwechsel vom Verkehrspolizisten verlangt werden. (Laufen auf allen Vieren, Hüpfen!)

Der Zauberer
4–7jährig

Geräte: ein kleiner Stab
Alle Kinder sind in ihren Malen (Ecken). Der Zauberer steht in der Mitte des Raumes und hat einen Zauberstab in der Hand. Er verzaubert alle Kinder so, daß sie aus ihren Malen herauskommen müssen und sich frei im Raum bewegen. Sie müssen die Bewegungen ausführen, die der Zauberer mit seinem Stab angibt. (Nach links laufen, nach rechts laufen, niederhocken, auf der Stelle springen, hochstrecken usw.) Wenn der Zauberer seinen Stab hinwirft, ist der Bann gebrochen, und die Kinder laufen in ihre Male. Der Zauberer versucht, so viele wie möglich zu fangen.

Der fleißige Handwerker

4—7jährig

Geräte: keine

In der Mitte eines von den sitzenden Kindern gebildeten Kreises sitzt ebenfalls der Handwerker. Er führt die typische Bewegung eines Handwerks aus. Die Kinder raten laut, welches Handwerk dargestellt wird. Fällt der richtige Name, dann springt der Handwerker auf und versucht eines der flüchtenden Kinder zu fangen. In der nächsten Runde wird das gefangene Kind Handwerker.

Wieviel Uhr ist es, Herr Wolf?

4–7jährig

Geräte: keine

Die Leiterin oder der Lehrer geht als „Herr Wolf" durch die Halle. Alle Kinder laufen hinter dem Wolf her und rufen im Chor: „Wieviel Uhr ist's Herr Wolf?" Der Wolf antwortet darauf: „9 Uhr!" oder „11 Uhr!", bis er auf einmal ruft: „Frühstückszeit!" Damit läuft er den Kindern nach und versucht, so viele wie möglich zu fangen, während diese hinter eine Leine laufen. Die Gefangenen helfen das nächste Mal mit fangen, bis alle Kinder gefangen sind.

Abänderung: Die Kinder haben keine Zuflucht, und der Wolf kann so lange fangen, bis die Uhr 12 geschlagen hat. (Lehrer klatscht in die Hände oder schlägt auf den Gong und zählt laut dabei.) Bei der Wiederholung wird ein neuer Wolf bestimmt, der versucht, den ersten Wolf zu überbieten.

Fang den Schwanz
4–7jährig

Geräte: Bänder oder Tücher (Taschentücher)
Jedem Kind wird am Rücken ein Band oder Tuch in die Gürtellinie der Turnhose gesteckt. Jedes Kind versucht nun, seinen „Schwanz" durch geschicktes Wenden und Ausweichen zu verteidigen und gleichzeitig den anderen die „Schwänze" abzufangen. Wer seinen „Schwanz" verloren hat, scheidet aus und hockt nieder. Wer hat als letzter noch seinen „Schwanz"? Wer hat die meisten „Schwänze" abgefangen?
Abänderung: Bei ungeschulten Kindern ist es zweckmäßig, für jedes Kind einen bestimmten Gegner festzulegen.
Das Spiel kann als Parteispiel gespielt werden. Die Parteien werden durch rote und blaue „Schwänze" gekennzeichnet. Der Spielraum ist zu begrenzen. In der Halle darf die Wand nicht als Schutz gebraucht werden.

Pick den Schwanz ans Eselchen

4–7jährig

Geräte: Große Pappe oder Zeichenpapier, schwarze Kreide,
Reißnagel

Auf eine große Pappe oder Zeichenpapier wird der Umriß eines Eselchen (kann auch ein Schwein sein) gezeichnet. Das Tier ist noch ohne Schwanz, denn dieser wird aus einem Stück Papier oder Zeichenpapier gesondert ausgeschnitten. Das gezeichnete Eselchen wird nun an der Wand befestigt.

Die Kinder stellen sich in einigen Schritten Abstand vor der Wand auf. Das vorderste Kind erhält die Augen verbunden und es muß, von einem weiteren Kind zur Wand geleitet, den Schwanz an das Eselchen anpicken. An die Einstickstelle wird der Name des betreffenden Kindes geschrieben.

Sieger ist das Kind, das die Stelle, an die der Schwanz hingehört, am besten getroffen hat.

Wechselt das Bäumchen
4–7jährig

Geräte: keine
Dieses Spiel wird auf einem Platz durchgeführt, der mit Bäumen bestanden ist. An jedem Baum steht ein Kind, während ein Kind keinen Baum mehr gefunden hat. Das überzählige Kind ruft nun „Wechselt das Bäumchen" und auf diesen Ruf hin muß nun jedes Kind seinen Baum verlassen und sich eine neue Bleibe suchen, während es sich bei diesem Wechselvorgang ebenfalls einen unbesetzten Baum sucht. Das übriggebliebene Kind übernimmt die Rolle des Rufers.
In der Halle können die Bäume durch Turnmatten, Medizinbälle, aufgezeichnete Kreise o. ä. dargestellt werden.
Das Wechseln von Bäumchen zu Bäumchen kann durch Hüpfen, auf einem Bein hinken, auf allen Vieren laufen o. ä. erfolgen.

Spiel mit kleinen Bällen

4—7jährig

Geräte: kleine Bälle, Tennisbälle

Jedes Kind hat einen Ball. Die Kinder werfen den Ball hoch und fangen ihn wieder. Sie prellen den Ball auf den Boden und fangen. Sie werfen den Ball gegen die Wand und fangen. Nach dem Wurf an die Wand klatschen sie – vor dem Fangen – in die Hände – einmal – zweimal. Vor dem Fangen des von der Wand abprallenden Balles drehen sie sich einmal um die eigene Achse – hocken sich schnell nieder o. ä.

Sie versuchen den Ball im Sitzen auf den Boden zu prellen – zwischen den gegrätschten Beinen – seitwärts vom Körper.

Fangen mit beiden Händen – Fangen mit einer Hand.

Bälle regnen lassen
4—7jährig

Geräte: ein Ballnetz, viele Bälle
Der Betreuer oder die Betreuerin der Kinder geht mit einem vollgefüllten Ballnetz durch den Raum, die Kinder folgen. Plötzlich wird das Netz geöffnet und ausgeleert, daß sich die Bälle wie ein Regen über die Kinder ergießen. Welches Kind sammelt schnell die meisten ein? Der Sieger wird zum Regenmacher.

Hungrige Vögel
4–7jährig

Geräte: möglichst viel Bälle, Bänder, Kienäpfel, Bohnensäckchen oder Papierkugeln

Die Kinder sind auf die vier Ecken oder noch mehr „Nester" verteilt. Jede Gruppe wählt sich einen Vogelnamen. In einem Mittelfeld (durch Striche begrenzt) befinden sich 20 oder mehr Bälle, Papierkugeln, Bohnensäckchen oder ähnliches. Auf Zeichen des Lehrers fliegen die Vögel aus ihren Nestern aus, fliegen frei umher, oder Spatzenhupf, aber außerhalb des Innenfeldes. Auf das nächste Zeichen versuchen alle, einen Ball, ein Bohnensäckchen oder ein Band aufzunehmen und damit in das eigene Nest zurückzukehren. Welche Gruppe hat das meiste Futter gefunden?

Abänderung: Die Bälle, Säckchen oder Bänder müssen zwischen beide Füße genommen werden. Die Vögel müssen dann ihre Beute auf diese Weise ins Nest zurückbringen.

Haltet den Korb voll
4—7jährig

Geräte: ein Korb, möglichst viele kleine Bälle, wie Wurfbälle, Gymnastikbälle und dgl.

Der Betreuer hat einen Korb mit möglichst vielen kleinen Bällen. Er wirft einzeln nacheinander, aber in schneller Folge, die Bälle aus dem Korb unter die Kinder. Diese fangen die Bälle, heben sie auf oder halten sie auf, tragen sie schnell in den Korb zurück und versuchen, ihn stets gefüllt zu halten. Der Betreuer kann das Spiel erschweren, indem er mit dem Korb hierhin und dorthin läuft.

Wer ist schneller, die Kinder oder der Korbträger?

Topf schlagen

4–7jährig

Geräte: ein Metalltopf, ein Kochlöffel oder ein kleiner Stab
Topfschlagen ist ein beliebtes Gesellschaftspiel für Kinder, welches gerne bei Geburtstagen oder ähnlichen Anlässen gespielt wird.
Der Topf wird mit der offenen Seite auf den Boden gestellt. Unter den Topf kommt ein kleines Geschenk.
Die Kinder sitzen im Halbkreis um den Topf, ein Kind nimmt mit verbundenen Augen – einige Schritte vor dem Topf – Aufstellung. Mit dem Kochlöffel oder dem Stab sucht es durch Schläge auf den Boden den Topf zu treffen. Gelingt es ihm, dann gehört ihm das unter dem Topf liegende Geschenk.
Die anderen Kinder können es durch „Heiß – Heißer – noch Heißer-Rufe“ unterstützen.
Unter den Topf kann auch ein Ball gelegt werden. Wird der Topf getroffen, dann nimmt der Suchende die Binde von den Augen, dreht den Topf um und wirft den Ball einem anderen Kind zu, das zum Topfschläger wird.

Zeck oder Nachlaufen

7–9jährig

Geräte: keine

Nachlaufspiele sind bei den Kindern sehr beliebt. Einige Formen sollen hier aufgeführt werden:

Einfach Zeck: Ein Fänger versucht eines der sich freilaufenden Kinder abzuschlagen. Dieses schlägt ein weiteres ab usw.

Zahlenzeck: Es werden mehrere Gruppen zu drei bis vier Kinder gebildet. Die Kinder zählen innerhalb der Gruppe ab. Eins fängt zwei – zwei fängt drei – drei fängt vier – vier fängt eins usw.

Kreuzzeck: Ein verfolgtes Kind kann erlöst werden, wenn ein anderes Kind die Bahn zwischen Fänger und verfolgtem Kind kreuzt, bzw. bei seinem Lauf überquert. Der Fänger muß dann dieses Kind verfolgen.

Kettenzeck: Das abgeschlagene Kind gibt dem Fänger eine Hand und die beiden gehen als Paar auf die Jagd. Sie dürfen nur jeweils die freie Hand zum Abschlagen benützen. Das dritte abgeschlagene Kind reiht sich ebenfalls an. Nach dem vierten Kind wird eine neue Reihe gebildet.

Das Meer und die Fische
7–9jährig

Geräte: keine
Die Kinder sind in den vier Ecken verteilt. Jede Gruppe wählt sich einen Fischnamen. Der Lehrer geht im Raum umher und ruft eine Gruppe nach der anderen: „Das Meer ruft die Heringe!" usw., bis alle Fische im Meer sind. Wenn der Lehrer sagt: „Das Meer ist ruhig!", geht er auf Zehenspitzen, und alle Kinder ahmen ihn nach. Wenn er sagt: „Das Meer ist voller Wellen!", so hüpfen oder springen alle; wenn er sagt: „Das Meer ist stürmisch", so galoppieren alle, schwingen mit den Armen und sind wild, wenn aber der Lehrer ruft: „Die Ebbe kommt!", dann flüchten alle Kinder in ihre Ecken, und der Lehrer versucht, so viele wie möglich zu erhaschen. Diese sind dann die Gehilfen des Lehrers.

1 – 2 – 3, letztes Paar vorbei

7—9jährig

Geräte: keine

Die Kinder stehen in Paarreihe hintereinander. Vor den Paaren steht, mit dem Rücken zu diesen, ein einzelnes Kind als Fänger. Es klatscht dreimal in die Hände und ruft dabei: „Eins, zwei, drei, das letzte Paar vorbei!" Darauf muß das letzte Paar sich trennen und rechts und links an der Reihe vorbeilaufen. Es muß versuchen, sich vor der Reihe wieder zu vereinigen. Das vorn stehende Kind darf nicht zurückschielen, sondern muß warten, bis das Paar auf der gleichen Höhe mit dem ersten Paar der Reihe ist. Dann versucht es, eins der vorbeilaufenden Kinder zu erhaschen, bevor sie sich wieder vereint haben. Hat es Erfolg, so muß das übriggebliebene Kind als Fänger vor die Reihe. Das neue Paar wird erstes Paar. Hat der ursprüngliche Fänger keinen Erfolg, so muß er weitere Versuche machen. Es ist ratsam, den zwei sich vor der Doppelreihe wieder vereinenden Kindern hierfür etwas freien Raum zu geben.

Bruder, Schwester hilf!

7–9jährig

Geräte: keine

Das Spiel ist ein Haschespiel, bei dem man nicht abgeschlagen werden kann, wenn man zu zweit ist. Wer alleine ist und vom Fänger verfolgt wird, ruft: „Bruder hilf!“ Die anderen Kinder bemühen sich, dem in Not befindlichen Kind zu Hilfe zu kommen (Handreichen). Stehen drei Kinder zusammen, so kann jedes von ihnen abgeschlagen werden.

Wir kommen aus dem Mohrenland
7–9jährig

Geräte: keine

Drei oder vier Kinder sind Handwerker. (Sie machen heimlich aus, welches Handwerk sie betreiben.) Sie nähern sich den übrigen Kindern, indem sie diesen zurufen: „Wir kommen aus dem Mohrenland, die Sonne hat uns braun gebrannt!"

Die wartenden Kinder fragen darauf: „Versteht ihr auch ein Handwerk?" Hierauf rufen die Handwerker: „Oh ja, wir sind ..." und dabei zeigen sie die Bewegung eines Handwerks (nähen, sägen, schneidern). Haben die wartenden Kinder erraten, was dargestellt wird, so rufen sie laut: „Schneider!" „Schuster!" usw. Haben sie richtig geraten, so laufen die Handwerker, verfolgt von den anderen Kindern, hinter eine Linie zurück. Wer einen Handwerker angeschlagen hat, tauscht mit ihm die Rolle.

Der lustige Schlag!

7–9jährig

Geräte: keine

Ein Haschespiel mit beliebig vielen Kindern. In einem abgesteckten Spielfeld wird ein Fänger bestimmt. Dieser versucht eines der fliehenden Kinder abzuschlagen. Gelingt dies, muß der Abgeschlagene die Stelle, wo der Schlag am Körper gesessen hat, mit einer Hand festhalten und so als Fänger versuchen, andere Spieler abzuschlagen, wobei er so lange seinen Schlag festhalten muß, bis er einen Spieler abgeschlagen hat.

Der Fänger bemüht sich, den Schlag an einer „schwierigen" Stelle, z. B. am Rücken oder am Unterschenkel, anzubringen.

Schlag abgeben

7–9jährig

Geräte: keine

Zu Beginn dieses Haschespiels werden 2 Fänger bestimmt, die, zur Kenntlichmachung als Fänger, mit erhobenem Arm den anderen Kindern nachlaufen. Hat einer der Fänger ein Kind berührt, so ist der Schlag abgegeben. Wer den Schlag abgegeben hat, hockt sich nieder. Die abgeschlagenen neuen Fänger laufen wiederum mit deutlich erhobenem Arm und versuchen, ihren Schlag loszuwerden. Bei Erfolg hocken auch sie nieder. Die Zahl der Verfolgten wird immer geringer, die der Hockenden immer grüßer, so daß die Fänger nunmehr geschickt um die Hindernisse herumlaufen müssen. Wenn, bis auf die beiden letzten Fänger, alle Kinder hocken, stehen die e r s t e n Fänger wieder auf und werden nun ihrerseits verfolgt. Es ist ratsam, den Spielraum zu begrenzen.

Affenzeck

7–9jährig

Geräte: keine

Die Kinder bewegen sich im Affensprung (Vierfüßlerhupf) frei im Raum. Ein Kind ist als Fänger bestimmt und versucht, sich zu erlösen, indem es ein anderes abschlägt. Wird ein Kind abgeschlagen, so wird dieses Fänger. Das Spielfeld ist zu begrenzen und es darf nicht zu groß angelegt werden.

Häschen im Gebüsch
7—9jährig

Geräte: keine

Je drei Kinder bilden ein „Gebüsch", in dessen Mitte ein „Häschen" sitzt. Die Anzahl der so gebildeten Gebüsche ist beliebig; sie sind frei im Raum verteilt. Ein Häschen hat kein Gebüsch und wird von einem Jäger gejagt. Durch Einlaufen und Fortlaufen in ein Gebüsch kann sich das Häschen retten. Das schon im Gebüsch sitzende Häschen muß in diesem Fall Platz machen, da das Gebüsch nur jeweils ein Häschen beherbergen kann. Fängt der Jäger ein Häschen, wird dieses Jäger; der Jäger wird Häschen. Nach einiger Zeit Austausch der Häschen mit den Kindern, die ein Gebüsch gebildet haben.

Tag und Nacht

7–9jährig

Geräte: keine

Die Kinder stehen sich in 2 Linien im Abstand von etwa 1 m gegenüber. Die Rücken sind zueinandergekehrt. Die eine Reihe ist „Tag", die andere „Nacht". Der Lehrer ruft entweder „Tag" oder „Nacht". Wenn „Tag" gerufen wird, läuft diese Reihe fort, verfolgt von „Nacht". Jeder, der gefangen wird, bevor eine gegebene Grenze erreicht ist, wechselt die Seite. Die Partei, die in gegebener Zeit die meisten Gefangenen hat, ist Sieger.

Abänderung: Anstatt „Tag" und „Nacht" zu rufen, kann der Lehrer eine möglichst spannende Geschichte erzählen, in der die beiden Wörter vorkommen.

Verschiedene Ausgangsstellungen bei entsprechendem Abstand, z. B. Gesicht zueinander, aus dem Sitzen, aus der Bauchlage, aus der Rückenlage usw.

Wer hat Angst vor dem schwarzen Mann?
7–9jährig

Geräte: keine
In der Mitte zwischen zwei Mallinien hält sich der „schwarze Mann" auf. Alle Kinder befinden sich hinter einer Linie. Auf den Ruf des Fängers: „Wer hat Angst vor dem schwarzen Mann?" antworten die Kinder lautstark „Niemand". Sie laufen so schnell wie möglich mit allen möglichen Ausweichmanövern zur gegenüberliegenden Linie, während der schwarze Mann versucht möglichst viele Kinder abzuschlagen. Die Abgeschlagenen werden seine Helfer. Das Spiel ist zu Ende, wenn alle Kinder in Händen des schwarzen Mannes sind. Das Kind wird Sieger, welches zuletzt gefangen wurde. Es wird der neue „schwarze Mann".
Dieses Spiel kann in der Halle von Längswand zu Längswand gespielt werden.
Abwandlung: In der Mitte des Spielraums wird ein Fangraum mit zwei Strichen eingezeichnet, den der Fänger nicht verlassen darf.

Irrgarten

7–9jährig

Geräte: keine

Die Spieler stehen mit gefaßten Händen in mehreren Linien hintereinander. Ein Spieler läuft durch die so gebildeten Gassen, ein anderer als Fänger versucht, den Ausreißenden abzuschlagen. Durch Zuruf des Lehrers: „rechts um" oder „links um", drehen sich die die Gassen bildenden Spieler um 90 Grad, fassen schnell wieder die Hände und zwingen so Läufer und Fänger, im rechten Winkel die Laufrichtung zu ändern. Meist steht der Fänger dann in einer anderen Gasse als der Läufer. Erreicht der Fänger den Läufer und kann ihn abschlagen, beginnt das Spiel mit einem neuen Paar. Der Lehrer kann durch geschickten Zuruf schwache Kinder unterstützen, indem er, je nach Bewegungsfähigkeit der Kinder, entweder den Läufer vor zu schnellem Zugriff des Fängers schützt, oder umgekehrt, den Läufer dem Fänger zutreibt.

Zwei Hunde und ein Knochen

7–9jährig

Geräte: ein Bohnensäckchen, Band, Stock oder ähnliches für jede Gruppe

Zwei Parteien, zu je drei oder vier Spielern, stehen sich hinter parallel gezogenen Linien in etwa 20 m Entfernung gegenüber. Die Spieler erhalten Nummern von 1–4. In die Mitte zwischen beide Parteien wird der „Knochen" gelegt. Der Lehrer ruft eine Nummer auf, worauf von beiden Parteien die entsprechenden Spieler zum „Knochen" laufen und versuchen, diesen hinter ihre eigene Linie zu bringen, ohne vom Gegner abgeschlagen zu werden. Bei Erfolg erhält die Mannschaft einen Punkt. Meist kommen beide Spieler gleichzeitig am „Knochen" an. Beide müssen dann versuchen, den „Knochen" durch täuschende Bewegungen zu erwischen. Gewonnen hat die Mannschaft, die in einer gegebenen Zeit die meisten Punkte erzielt.

Foppen und Fangen

7—9jährig

Geräte: keine

Zwei Parteien stehen sich in Linien im Abstand von etwa 20 bis 30 m gegenüber. Abwechselnd sendet jede Partei ein Kind zur Gegenseite zum Foppen. Die Gegenseite wartet hinter ihrer Linie. Jedes Kind hat eine Hand auf dem Rücken, die andere weit nach vorn ausgestreckt. Das sich nähernde Kind der Gegenseite muß insgesamt drei Schläge auf eine oder mehrere ausgestreckten Hände erteilen, dabei kann es Schläge vortäuschen und so seine Gegenspieler foppen. Dasjenige Kind, das den letzten Schlag erhält, muß blitzschnell das nun flüchtende Kind der Gegenpartei verfolgen und zu erreichen suchen, bevor dieses die eigene Linie überschritten hat. Hat es Erfolg, so muß das abgeschlagene Kind als Gefangener hinter dem Fänger Aufstellung nehmen. Erreicht es das flüchtende Kind nicht, so muß umgekehrt der Verfolger als Gefangener hinter der Reihe des Siegers stehen. Nun schickt die Gegenpartei ein Kind zum Foppen aus. Wer nur noch drei Spieler hat, hat verloren.

Abänderung: Spiel kann auch mit Erlösen gespielt werden. Gefangene, die hinter dem Spieler stehen, der gefangen wird, sind frei.

Hundehüttenspiel
7—9jährig

Geräte: keine

Die Kinder bilden zwei konzentrische Kreise. Im Außenkreis befinden sich einige Kinder mehr. Die beiden Kreise laufen in entgegengesetzter Richtung. Auf „Halt!" des Lehrers bleibt der Innenkreis stehen; die Kinder stehen im Seitgrätschstand. Die Kinder des Außenkreises versuchen eine Hundehütte zu finden. Sie schauen mit dem Kopf unter den gegrätschten Beinen (Hundehütten) der Kinder im Innenkreis durch. Wer keine Hütte gefunden hat, muß noch einmal im Außenkreis mitlaufen, der diesmal von den ursprünglich innen stehenden Kindern gebildet wird.

Wer hat den Schuh?
7—9jährig

Geräte: ein Turnschuh oder ein Ball
Die Spieler sitzen, mit dem Gesicht zur Mitte, möglichst eng im Kreis. Durch Anziehen (Anhocken) der Beine wird ein Tunnel gebildet. Ein Schuh (kleiner Ball) wandert versteckt von einem zum anderen Spieler durch den Tunnel. Ein sich außerhalb des Kreises sich bewegender Spieler als Fänger versucht, den Schuh zu erhaschen (berühren). Bei Erfolg wechselt der Fänger mit demjenigen, bei dem der Schuh berührt wurde.
Die den Tunnel bildenden Kinder foppen natürlich den Fänger, indem sie auch ohne Schuh eine Weitergabe vortäuschen.

Glucke und Geier

7—9jährig

Geräte: keine

Die Kinder stehen in einer Reihe (je 6—8 Kinder), umfassen den Vordermann und schließen ihre Hände möglichst um diesen, so daß die so entstehende Kette nicht reißt. Vor der Reihe steht, als erstes Glied der Kette mit ausgebreiteten Armen, die Glucke, und versucht zu verhindern, daß der vor ihr auf Raub ausgehende Geier eins ihrer Küken abschlägt. Berührt der Geier ein Küken, so wird dieses Geier.

Urbär oder „Urbär raus"

7–9jährig

Geräte: Plumpsäcke (Taschentücher mit einem Knoten)
Eine Ecke der Halle ist die Höhle des Bären. In der Halle verteilt, befinden sich die mit Plumpsäcken versehenen Gegner des Bären. Auf ihren Ruf „Urbär raus" verläßt der Bär seine Höhle und versucht seine Widersacher zu vertreiben. Diese flüchten, aber dem Bären gelingt es, einen von ihnen anzutippen. Schnell sucht er mit seinem Gefangenen die Höhle zu erreichen, aber seine Gegner lassen die beiden nicht ungeschoren davonkommen. Mit ihren Plumpsäcken bearbeiten sie die beiden bis zur Bärenhöhle.

Ein neuer Ruf „Urbär raus" lockt die beiden wieder aus der Höhle, die mit Handfassung versuchen, ein weiteres Opfer zu fangen. Wieder werden die drei zur Höhle gehetzt. Bei mehr als vier Bären sollen neue Ketten gebildet werden.

Durchkriechstaffel
7–9jährig

Geräte: keine
Zwei gleichstarke Gruppen spielen gegeneinander. Die Gruppen gehen in Reihenaufstellung nebeneinander in Grätschstellung. Jede Gruppe ist in sich dicht geschlossen. Auf ein Startkommando kriechen die letzten jeder Gruppe schnell durch den Beintunnel nach vorn, wo sie sich schnell erheben und in Grätschstellung vor die Gruppe stellen. Die Zweitletzten folgen sofort, dann die Drittletzten usw., bis alle durch den Tunnel gekrochen sind. Die Gruppe ist Sieger, deren ursprünglich vorderster Spieler zuerst wieder vor seiner Gruppe steht.
Anmerkung: jede Gruppe sollte mindestens aus 10 Teilnehmern bestehen.

Balltragestaffel
7–9jährig

Geräte: mehrere Bälle (Gymnastikbälle)
Zwei gegeneinander spielende Gruppen stehen in Reihenaufstellung nebeneinander. 15–20 Meter vor jeder Gruppe befindet sich eine Markierung (Keule, aufgezeichneter Kreis, Turnhemd oder dergleichen).
Der erste jeder Staffel hat einen Ball. Auf das Startkommando laufen die ersten jeder Staffel los und legen den Ball an der Markierung nieder. Ohne Ball laufen sie zurück und schlagen dem Zweiten auf die vorgestreckte Hand. Dieser läuft los und holt den Ball, den er dem dritten übergibt, der ihn wieder hinausträgt usw. Die Zurücklaufenden stellen sich an ihre Gruppe hinten an.
Sieger ist die Mannschaft, deren letzter Spieler als erster über die Startlinie läuft.
Schwieriger wird es für die Spieler, wenn 2 oder 3 Bälle auf einmal getragen werden müssen.

Werft in den Reifen

7–9jährig

Geräte: 1 Gymnastikreifen, viele Bälle
Vor einer Linie liegt in etwa 5 Meter Entfernung ein Reifen (auf den Boden gezeichneter Kreis) auf dem Boden. Mindestens zwei Gruppen beteiligen sich an diesem Spiel. Die erste Gruppe beginnt: Jedes Kind der Gruppe hat einen Ball. Von der Linie aus versuchen nun die Kinder nacheinander den Ball mit einem Zielwurf in den Reifen zu werfen. Danach folgt die 2. Gruppe. Die Gruppe, die die meisten Treffer erzielt hat, ist Sieger und darf die nächste Runde beginnen.
Welche Gruppe hat nach fünfmaligem Durchgang die meisten Treffer erzielt.
Abwandlung: Die Würfe können auch in ein Kastenteil, einen Korbballständer oder einen Basketballkorb ausgeführt werden. Einhändiger – beidhändiger Wurf.

Reiterball
7–9jährig

Geräte: Gummiball
Die Kinder bilden zu Paaren einen Kreis. Ein Kind eines jeden Paares geht als „Pferd" in die Bankstellung, wobei der Kopf zur Kreismitte zeigt. Das andere Kind stellte sich als „Reiter" mit gegrätschten Beinen über das Pferd. Die Reiter werfen sich in beliebiger Reihenfolge den Ball zu; fällt er nach einem Zuwurf zu Boden, so müssen die Reiter schnell „absitzen" und davonlaufen. Eines der Pferde versucht schnell den Ball aufzunehmen und gleichzeitig zwingt es mit dem Ruf „Halt!" die Reiter zum Stehenbleiben. Gelingt es ihm eines der unbeweglichen Ziele zu treffen, dann erfolgt Rollentausch. Bei einem Fehlwurf wird das Spiel in der ursprünglichen Besetzung weitergeführt.

Ringender Kreis
9–11jährig

Geräte: je Gruppe drei Keulen
Je 6 Kinder bilden einen Kreis, in dessen Mitte 3 Keulen aufgestellt sind. Durch Ziehen und Schieben versuchen die Kinder sich gegenseitig dazu zu bringen, die Keulen umzureißen. Ist eine Keule umgerissen, so wird sie wieder aufgebaut. Das Kind, das sie umgeworfen hat, scheidet aus. Gewinner ist, wer bis zum Schluß keine Keule gerissen hat.

Keulenangeln
9–11jährig

Geräte: 4 Keulen, Bälle oder dergleichen, je Mannschaft ein Seil, ungefähr 6 m lang (zusammengeknotete Springseile).
Vier Kinder stellen sich so auf, daß sie mit dem Seil ein Viereck bilden. Hinter jedem Kind ist eine Keule derart aufgebaut, daß sie mit dem Fuß oder der Hand nur erreichbar ist, wenn die anderen Kinder nachgeben. Jede umgeworfene Keule bedeutet einen Gewinnpunkt.

Wer hockt länger?

9–11jährig

Geräte: keine

Zwei Parteien stehen sich in Hockstellung, in Linie gegenüber. Jeder Spieler hat einen Partner von der Gegenpartei vor sich. Der Abstand von Partner zu Partner beträgt etwa 1 m, er ist so weit, daß die in Augenhöhe nach vorn gehaltenen Handflächen den Gegenspieler noch erreichen können. Auf ein Startzeichen versuchen die Spieler durch Schieben und Stoßen mit den Handflächen, in Verbindung mit kleinen Hocksprüngen, den Gegner umzustoßen. Gewonnen hat die Partei, die zuerst alle Gegenspieler umgestoßen hat.

Hüpfender Kreis
9–11jährig

Geräte: ein Seilchen, am Ende mit einem Turnschuh oder dergleichen beschwert

Die Kinder stehen im Kreis, das Gesicht der Mitte zugewandt. Ein Kind (Lehrer) steht in der Mitte und dreht das am Ende beschwerte Seil derart im Kreis, daß es sich vom Boden abhebt und die Kinder gezwungen werden, über das Seil zu springen. Wer das kreisende Seil aufhält, scheidet aus oder wechselt mit dem Kind in der Mitte. Wird der Kreis in zwei Hälften unterteilt, so kann das Spiel auch als Parteispiel gespielt werden. Jedes Aufhalten des Seiles bedeutet für die schuldige Mannschaft einen Verlustpunkt. Gewonnen hat die Partei, die nach einer bestimmten Zeit die wenigsten Verlustpunkte hat.

Abänderung: Das in der Mitte stehende Kind braucht sich nicht zu drehen, wenn das Seil gewandt von der einen in die andere Hand übergeben wird.

Hüpfende Reihe

9–11jährig

Geräte: ein Seil (Sprungseil)

Die Kinder stellen sich paarweise in Reihe (hintereinander) auf, von Paar zu Paar etwa einen halben Meter Abstand. Vor dem vordersten Paar nehmen 2 Kinder das Seil in die Hand. Sie laufen, das Seil etwa kniehoch haltend, zu beiden Seiten an der Reihe entlang, wodurch die Kinder der Reihe gezwungen sind, über das Seil zu springen. Das Seil wird gewissermaßen unter der Reihe durchgeführt. Nach dem ersten Durchgang macht die Reihe eine Kehrtwendung um 180 Grad und das Seil wird unter der hüpfenden Reihe wieder zurückgeführt. Dasjenige Paar, das den Durchgang unterbricht, muß das Seil führen.

Die eiligen Maler

9–11jährig

Geräte: keine

Zwei oder mehr Gruppen stehen in Reihen hintereinander. In einer Entfernung von etwa 20 m steht vor jeder Reihe eine Tafel (Holzsprungbrett, oder einfach Boden). Die ersten jeder Reihe haben ein Stück Kreide. Auf Startzeichen laufen sie so schnell wie möglich zur Tafel und zeichnen die Umrisse eines Gesichtes. Sie laufen zurück und geben dem nächsten in der Reihe die Kreide. Dieser läuft nach vorne und zeichnet die Augen ein, der nächste die Nase, die Ohren, Hals, Rumpf, Arme und so fort. Wer zuerst das Männchen fertig hat und wieder in seiner Reihe steht, hat gewonnen. Unter Umständen kann auch die Zeichnung mitgewertet werden. Im Freien kann ein solches Männchen hinter einer Grundlinie mit einem Stöckchen auf den Boden gemalt werden.

Abänderung: Anstelle des Malens kann auch die Aufgabe gestellt werden, daß jedes Kind einen Blumennamen niederzuschreiben hat. Jede Blume darf nur einmal vorkommen.

Komm mit, lauf weg

9–11jährig

Geräte: keine

Die Kinder bilden einen Stern. Jeweils 4 oder 5 Kinder stehen oder sitzen hintereinander. Ein Kind geht um den Sternkreis herum, und indem es ein Kind anschlägt, ruft es „Komm mit!" oder „Lauf weg!". Die gesamte Reihe des angeschlagenen Kindes muß so schnell wie möglich, je nach Befehl, entweder hinter dem Anschläger her oder ihm entgegengesetzt, einmal um den Kreis herum, zum alten Platz laufen. Wer als letzter ankommt, bleibt außen und schlägt zu.

Abänderung: In der Mitte des Kreises steht ein Gerät (Kasten, Pferd, Barren). Die Läufer müssen einmal um den Kreis herum laufen und dann auf dem Gerät sitzen oder stehen. Derjenige, der zuletzt auf das Gerät gelangt, wird zum Außenläufer.

Schiffbruch
9–11jährig

Geräte: Turngeräte
Ein Schiff ist gestrandet und viele Gegenstände schwimmen auf dem Meer. Die Halle stellt das Meer dar und die wahllos in der Halle verteilten Turngeräte (Kasten, Pferd, Reck, Sprossenwand, Turnmatten, Turnbank usw.) sind die schwimmenden Inseln. Zwischen diesen Inseln laufen die Kinder herum, ein Fänger versucht ein Kind abzuschlagen, das dann seinerseits zum Fänger wird. Kinder, die sich auf eine Insel retten können, dürfen nicht abgeschlagen werden.
Abwandlung: Kinder, die ihre Füße nicht auf dem Hallenboden haben, entgehen dem Abschlag, z. B. an das Reck hängen und die Beine anziehen oder auf einen Medizinball sitzen und die Beine anhocken u. dergl.

Wanderspringen

9–11jährig

Geräte: keine

8–12 Kinder bilden, in kleinen Zwischenräumen auf dem Bauch liegend, einen Kreis. Auf ein Startzeichen springt der als Nr. 1 bezeichnete Spieler auf, springt über alle am Boden liegenden hinweg und legt sich, am alten Platz angelangt, wieder nieder. Nr. 2 folgt, sobald er übersprungen ist, schnellstens Nr. 1 und so fort, bis jeder über jeden gesprungen ist.

Es können beliebig viele Kreise gebildet werden. Gewonnen hat der Kreis, dessen letzter Spieler zuerst wieder an seinem alten Platz liegt.

Abänderung: Aufstellung der Spieler derart, daß Überspringen und Durchkriechen (Hochgehen in den Winkelstütz) im Wechsel erfolgen.

Die Linke läuft weg!

9–11jährig

Geräte: keine

Die Kinder sitzen in einem großen Kreis auf dem Boden. Der Abstand zwischen den einzelnen Spielern beträgt etwa 1 m. Zwei Spieler stehen zu Beginn des Spiels außerhalb des Kreises. Der eine Spieler ist Fänger und versucht, den anderen abzuschlagen. Beide dürfen nur außen herumlaufen. Der verfolgte Spieler kann sich retten, indem er sich in eine Lücke auf den Boden setzt. Der linke Nachbar wird daraufhin der Verfolgte und muß sich durch Weglaufen retten. Er darf dabei zu Beginn einmal durch den Kreis durchlaufen, um sich dem unmittelbaren Zugriff seines Verfolgers zu entziehen. Danach darf er nur außerhalb des Kreises in beiden Richtungen laufen. Wird der Verfolgte abgeschlagen, so wird er Fänger. Das Spiel gewinnt an Reiz, wenn der Wechsel jeweils sehr schnell erfolgt.

Völkerball mit drei Parteien

9–11jährig

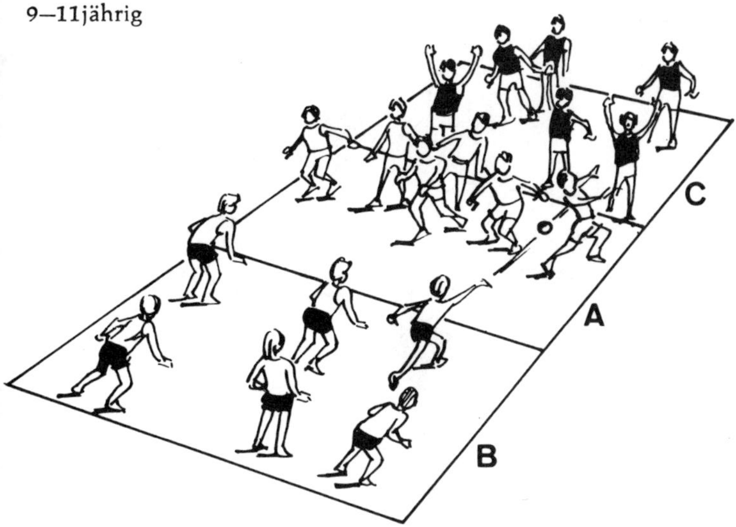

Geräte: 1 leichter Medizinball

Spielfeld etwas 8 x 15 m dreigeteilt

Einteilung der Spieler in drei Parteien zu je 6 bis 10 Spielern (A, B, C). „A" im mittleren Feld wird von „B" und „C" (Außenfelder) abgeworfen. Wird ein Spieler im Mittelfeld abgeworfen, zählt dies für die werfende Mannschaft 1 Punkt. Die Außenparteien werfen im Wechsel. Fangen des Balles zählt nicht als Abwurf. Nach 5 Minuten wechseln die Parteien die Felder, nach weiteren 5 Minuten nochmals, so daß jede Partei im Mittelfeld gestanden hat. Die abgeworfenen Spieler bleiben im Mittelfeld und spielen weiter mit. Die Partei mit den meisten Abwurfpunkten hat gewonnen.

Abänderung: Aufstellen eines Kastens (Pferdes) im Mittelfeld als Versteck. Bei Völkerball mit 2 Parteien können in jedem der beiden Felder derartige Verstecke aufgestellt werden.

Königinnenball
9–11jährig

Geräte: je Mannschaft ein Ball
Zwei Mannschaften stehen in Reihen nebeneinander. Vor jeder Mannschaft, hinter einer ungefähr 5 m entfernten Linie, steht die Ballkönigin. Diese hat den Ball und wirft ihn bei Spielbeginn dem ersten Kind ihrer Reihe zu. Nach sofortigem Zurückwerfen des Balles zur Königin hockt das Kind nieder. Dies wiederholt sich bis zum letzten Kind der Reihe, das den Ball nicht zurückwirft, sondern mit dem Ball auf den Platz der Königin läuft. Die Königin läuft gleichzeitig auf den ersten Platz in der Reihe, und alle Kinder stehen aus der Hockstellung auf Die neue Königin beginnt sofort das Spiel von neuem. Die Reihe, deren erste Königin zuerst wieder auf dem alten Platz steht, hat gewonnen.
Bei dem Spiel können die verschiedensten Formen der Würfe und Fänge (z. B. einhändig, beidhändig) bestimmt werden.

Kegelschießen

9–11jährig

Geräte: etwa 12 Kegel (Keulen), möglichst viele kleine Bälle

In der Mitte der Halle oder eines etwa 25–30 m langen Spielfeldes stehen auf der Mittellinie oder auf einer Schwebebank die 12 Kegel. Die Kegel sind durch Schleifchen kenntlich gemacht als die Kegel der weißen und der roten Partei. Sie stehen immer abwechselnd, ein roter neben einem weißen Kegel. Hinter den Abwurflinien, die 15 m von den Kegeln entfernt markiert sind, stehen sich die beiden Parteien gegenüber. Auf Start-Zeichen versucht jede Partei, möglichst schnell die Kegel der Gegenpartei umzuschießen, ohne dabei die eigenen zu treffen. Wer zuerst alle fremden Kegel umgeschossen hat, erhält einen Punkt. Wer zuerst eine vorher bestimmte Punktzahl erreicht hat, hat gewonnen.

Im Freien kann für jeden „Werfer" ein „Gehilfe" als „Ballzubringer" eingeteilt werden. Diese wechseln nach einer bestimmten Zeit mit den Werfern.

Fopp-Ball

9–11jährig

Geräte: ein Ball je Gruppe

Je 8–10 Spieler bilden einen Kreis und stehen, die Hände hinter dem Rücken verschränkt, einem Mitspieler zugewandt. Dieser hat einen Ball und foppt die auf der Kreislinie stehenden Spieler derart, daß er durch täuschende Wurfbewegungen einen Spieler verführt, die Hände vom Rücken zu nehmen, um den Ball zu fangen. Hat der Mitspieler nur einen Wurf vorgetäuscht, und sind die Hände des getäuschten für ihn sichtbar geworden, so muß das außenstehende Kind niederhocken. Wird ein vom Mitspieler geworfener Ball nicht gefangen, so muß sich das Kind, das den Ball verfehlt hat, ebenfalls niederhocken. (Der Mittelspieler muß in diesem Fall genau „auf den Mann" werfen). Wer zuletzt noch steht, hat gewonnen und tauscht den Platz mit dem Mittelspieler. Das Spiel soll Konzentrations- und Reaktionsfähigkeit fördern. Die Entfernung des Mittelspielers zu den Außenstehenden beträgt 3–4 m.

Drei Bälle machen die Runde

9–11jährig

Geräte: 1 Medizinball, 1 Hohlball, 1 Wurfball

Die Spieler stehen in einem großen Kreis. Auf drei Spieler verteilt sind im Kreis: 1 Medizinball, 1 Hohlball, 1 Schlagball. Auf Startzeichen des Lehrers werden die Bälle möglichst schnell von Spieler zu Spieler geworfen. Die Wurfrichtung ist für alle drei Bälle dieselbe. Jeder muß aufpassen, gut werfen und gut fangen. Wer einen Ball fallen läßt, scheidet aus. Die Schwierigkeit für die Spieler besteht darin, sich immer wieder einer anderen Ballgröße anpassen zu müssen.

Abänderung: Das Spiel kann auch als Wettspiel zwischen 2 Parteien angetragen werden. In dem Fall werden 2 gleich große Kreise gebildet. Alle drei Bälle sind bei Beginn des Spiels bei einem Spieler. Der Kreis, der zuerst 5 Runden mit allen drei Bällen vollendet hat, hat gewonnen.

Wanderball

9–11jährig

Geräte: 2 Bälle (leichte Medizinbälle)

Zwei Mannschaften nehmen in einem großen Kreis so Aufstellung, daß die Teilnehmer sich laufend abwechseln. Also ein Angehöriger der Mannschaft A, dann einer der Mannschaft B, wieder einer der Mannschaft A, dann B usw. Im Kreis kann auch zu Zweien abgezählt werden, die Einser und die Zweier bilden jeweils eine Mannschaft. Zwei gegenüberstehende Spieler der Mannschaft A und der Mannschaft B erhalten je einen Ball.

Auf Kommando „Los" werfen sich die Spieler jeder Mannschaft in gleicher Richtung den Ball von „Mann zu Mann" zu, es wird also immer ein Spieler der Gegenpartei überworfen.

Welche Partei holt die andere ein?

Tigerball
9–11jährig

Geräte: ein Ball
Die Spieler bilden einen Kreis. Ein oder zwei Spieler stehen als Tiger in der Mitte des Kreises. Die Außenstehenden spielen sich den Ball beliebig zu, während die Tiger versuchen, den Ball zu berühren. Bei Erfolg des Tigers muß derjenige Spieler mit dem Tiger wechseln, der den Ball zuletzt berührt hat.
Abwandlung: Der Ball darf nur gerollt werden. Der Ball darf nur zugeprellt werden.

Wer springt besser?

9–11jährig

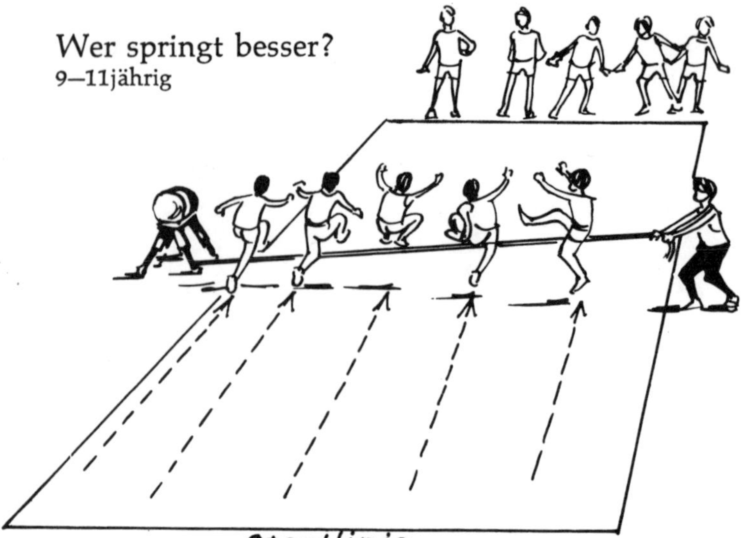

Geräte: eine Schnur (10–15 m lang)
Zwei Parteien stehen sich in Linie gegenüber (Entfernung etwa 20 m). Zwischen ihnen, in der Mitte, ist eine Leine gezogen. Auf Startzeichen läuft die eine Partei gemeinsam an, springt über die Leine, läuft aus, macht kehrt und springt auf dem Rückweg ebenfalls über die Schnur, um sich am Startplatz wieder aufzustellen. Dann folgt die Gegenpartei in gleicher Weise und so fort. Berühren der Schnur bedeutet einen Gewinnpunkt für die Gegenmannschaft. Die Partei mit den meisten Punkten hat gewonnen. Es ist zweckmäßig, die Schnur auf einer Seite tiefer zu halten, damit jeder Springer seine erreichbare Höhe wählen kann. Bei Hängenbleiben eines Springers ist die Schnur vom Haltenden nachzulassen. Bei starken Klassen ziehe man die Leine so lang, wie die Hälfte der Klasse zum Springen Platz benötigt.

Ballstaffel im Kreis

9–11jährig

Geräte: 2 Medizinbälle

Die Kinder stehen in zwei oder mehr gleich starken Kreisen dicht zusammen. Das erste Kind in jedem Kreis hat den Ball in der Hand. Auf Startzeichen läuft das erste Kind, mit dem Ball im Arm, um den Kreis herum und übergibt ihn dem zweiten Kind, und so fort, bis der letzte Läufer den Ball wieder in die Hand des Starters legt. Gewonnen hat der Kreis, der den Ball am schnellsten wieder in die Hände des ersten Kindes bringt.

Tunnelstaffel
9–11jährig

Geräte: je Mannschaft einen Ball
Zwei oder mehr Mannschaften liegen in Reihen bäuchlings und möglichst eng beieinander auf dem Boden. Vor jeder Reihe steht ein Spieler. Dieser wirft bei Spielbeginn mit dem Zuruf „hoch!" den Ball durch den sich nunmehr bildenden Tunnel der Reihe hindurch. Der letzte der Reihe nimmt den Ball auf, ruft „ab!" worauf sich die Reihe wieder hinlegt, und läuft mit dem Ball zum Platz des ersten Werfers. Dieser hat sich inzwischen vor die Reihe gelegt. Auf „hoch!" des neuen Werfers bildet sich wieder der Tunnel, der Ball rollt durch und so fort. Hat die Mannschaft wieder ihre ursprüngliche Aufstellung, ist das Spiel beendet.

Abänderung: Ausgangsstellung kann auch der Strecksitz sein, wobei die Spieler beim Ruf „hoch!" zurückrollen. Ist der Ball am Rücken vorbei, rollen sie wieder vor zum Sitz.

Wellenstaffel
9–11jährig

Geräte: je Mannschaft einen Ball
Zwei oder mehr gleichstarke Mannschaften nehmen nebeneinander in Reihe (Abstand von Spieler zu Spieler etwa 1 Meter) Aufstellung. Alle Spieler befinden sich in Grätschstellung. Der erste jeder Reihe ist in Ballbesitz. Auf das Startkommando gibt er den Ball über seinen Kopf zum zweiten, dieser reicht den Ball durch seine Beine zum dritten, dieser gibt ihn über den Kopf zurück, der Nächste durch die gegrätschten Beine usw. Der letzte nimmt den Ball auf, läuft nach vorn und stellt sich als nunmehr erster vor der Reihe auf. Er gibt sofort den Ball über seinen Kopf zurück usw.
Welche Mannschaft ist bei einem, zwei oder drei Durchgängen zuerst fertig?
Abwandlung: Der letzte der Reihe kann nach dem Empfang des Balles mit diesem durch die gegrätschten Beine seiner Mitspieler nach vorne kriechen.

Kastentragen
9–11jährig

Geräte: 2 offene Kastenteile
Hinter einer Startlinie stehen 2 oder mehr Mannschaften paarweise in Doppelreihe. Vor jeder Reihe, etwa 20 m entfernt, steht hinter einer Linie ein Kastenteil. Auf Startzeichen läuft das erste Paar jeder Mannschaft zu seinem Kastenteil, springt hinein und trägt es auf diese Weise hinter die Startlinie zum Paar Nr. 2. Während das erste Paar sich an das Ende der Doppelreihe stellt, springt das Paar Nr. 2 in das Kastenteil, trägt es hinter die gegenüberliegende Linie, läuft ohne Kasten zurück und gibt dem Paar Nr. 3 einen Schlag auf die Hand. Dieses Paar holt das Kastenteil wieder, und so fort. Gewonnen hat die Mannschaft, deren ursprüngliche Paaraufstellung zuerst wieder erreicht ist.

Bau ab, bau auf!
9–11jährig

Geräte: kleine und größere Geräte verschiedener Art
Diese Spiel eignet sich für das Ende einer Hallenturnstunde, wenn sowieso einige Geräte aufgebaut sind. Der Lehrer baut am Ende der Halle oder des Platzes einige große und kleinere Geräte in gleicher Anordnung zweifach auf. Die beiden Mannschaften stehen in einer beliebigen, möglichst großen Entfernung hinter einer Linie. Auf Startzeichen laufen beide Mannschaften zu dem ihnen gegenüberstehenden Aufbau, bauen ihn möglichst schnell ab, tragen die Geräte hinter die eigene Linie, bauen sie hier schnell wieder auf, wobei aber der Aufbau das gleiche Bild zeigen muß wie zuvor. Danach laufen sie schnell auf die gegenüberliegende Seite und stellen sich dort wieder auf. Die Mannschaft, die nach fehlerfreiem Aufbau zuerst auf der Gegenseite steht, hat gewonnen.

Anhängerstaffel
9–11jährig

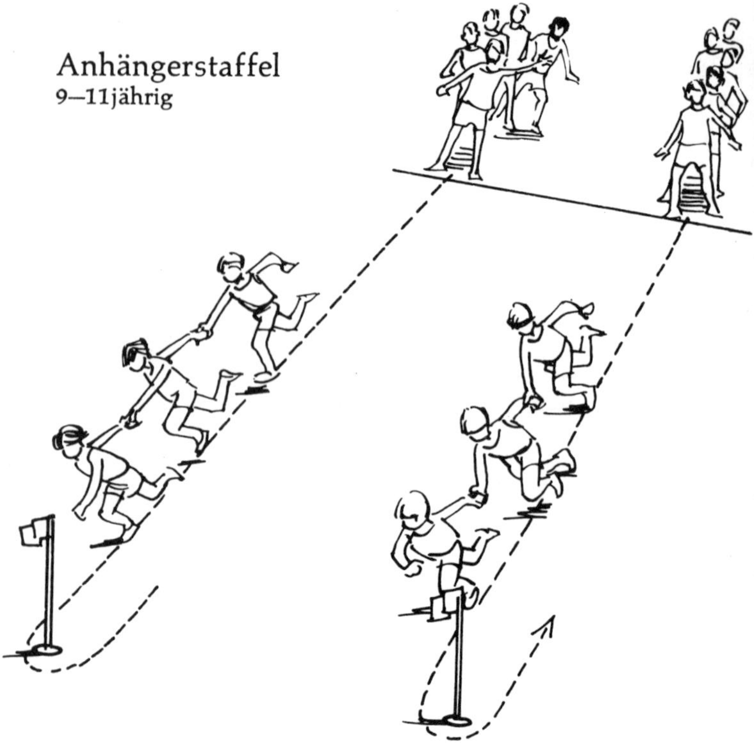

Geräte: keine
Die Kinder stehen in Staffelform hinter einer Grundlinie. Das erste Kind jeder Staffel läuft um eine Markierung (Ball, Ständer, Kegel) herum, wieder zur Mannschaft zurück, um diese ebenfalls herum und schlägt dann das zweite Kind an. Dieses hängt sich beim ersten Läufer an (Hände an Hüften oder Schultern). Zu zweit laufen sie jetzt den gleichen Weg, dann hängt sich der dritte der Staffel an und so fort, bis die ganze Mannschaft gemeinsam um das Ziel herumläuft. Die Mannschaft, die zuerst wieder auf dem alten Platz steht, hat gewonnen.

Pendelstaffel

9–11jährig

Geräte: 1 Staffelstab, 4 Fähnchen

Die Laufstrecke ist dem Alter anzupassen (30–40 m). Start und Wechsel erfolgen hinter festgelegten Mallinien. Zur einwandfreien Durchführung sind auf die Mallinien Fähnchen (Stangen) zu setzen. Beliebig viele Mannschaften werden so aufgestellt, daß die Hälfte einer jeden Mannschaft am Start, die andere am Wechsel gegenüber hinter den Stangen steht. Auf ein Startzeichen läuft Nr. 1, mit dem Stab in der rechten Hand, zu Nr. 2 (gegenüber) links vorbei. Der zweite Läufer nimmt den Stab entgegen, indem er mit der vorgestreckten rechten Hand um die Stange herumlangt, ihn um die Stange zu sich herumführt und nun links an der Stange vorbei, zu Nr. 3 (gegenüber) läuft und so fort. Die Mannschaft pendelt in dieser Weise hin und her. Gewonnen hat die Mannschaft, deren letzter Läufer zuerst am Mal ist.

Dreibeinlaufen

9–11jährig

Geräte: 2 Bänder

Als Staffel laufen von jeder Partei jeweils zwei Spieler, deren innere Füße (oberhalb der Fußknöchel) zusammengebunden sind. Die Paare werden so gezwungen, sich im Schritt gegenseitig anzupassen. Gewonnen hat die Partei, deren letztes Paar zuerst am Ziel ist. Die Staffel kann als Pendel- oder Umkehrstaffel gelaufen werden.

Tragestaffel
9–11jährig

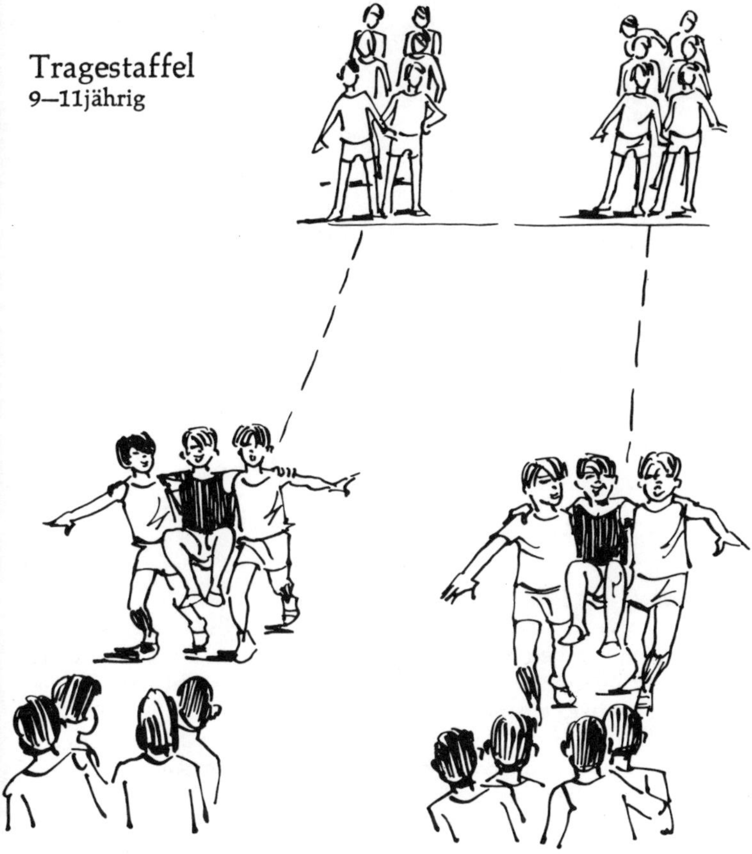

Geräte: keine
Die eingeteilten Mannschaften tragen den leichtesten Spieler (anstelle eines Stabes) hin und her. Dies kann zu zweit auf gefaßten Händen, oder allein auf dem Rücken, der Schulter, geschehen. Gewonnen hat die Mannschaft, die den „lebenden Staffelstab", ohne ihn auf den Boden abgesetzt zu haben, zuerst über die Ziellinie trägt.

Kegeltragen
9–11jährig

Geräte: für jede Gruppe einige Keulen
Die Parteien sind zu einer Staffel aufgestellt. In einiger Entfernung von den Staffeln sind im Abstand von etwa 4 m kleine Male eingezeichnet. Der erste Läufer jeder Staffel hat nun die Aufgabe, nacheinander eine Keule in jedes der Male zu stellen. Er kann dabei mit dem letzten oder dem ersten Mal anfangen. Er darf aber immer nur eine Keule tragen, muß dann zu seinem Startplatz zurück und die nächste holen, bis alle Keulen stehen. Dann läuft er zurück, gibt dem nächsten in seiner Reihe einen Schlag auf die Hand und stellt sich selbst ans Ende der Reihe. Der nächste holt alle Keulen einzeln wieder zurück und baut sie hinter der Startlinie auf. Die letzte Keule gibt er dem nächsten in seiner Reihe in die Hand, und dieser baut nacheinander alle Keulen wieder auf. Die Reihe, deren Läufer alle einmal auf- oder abgebaut haben, hat gewonnen.
Abänderung: Man kann die Aufgabe auch so stellen, daß alle Keulen gleichzeitig mitgenommen werden können.

Lustige Staffel
9—11jährig

Geräte: Kleidungsstücke (Jacke, Mütze, Handschuhe)
Bei Schulfesten oder ähnlichen Anlässen ist diese Staffel als lustige Einlage sehr beliebt.
Zwei oder mehr Mannschaften nehmen in Staffelform nebeneinander Aufstellung. Vor den Reihen ist eine Mallinie angebracht, parallel dazu in etwa 20 Meter Entfernung eine zweite. Der erste der Reihe trägt eine Mütze auf dem Kopf, hat eine Jacke an und hat die Hände in Handschuhen stecken. Auf das Startkommando läuft er los, über die zweite Mallinie, dort entledigt er sich der oben genannten Kleidungsstücke, in schnellstem Tempo kehrt er zurück und schlägt dem zweiten der Reihe auf die vorgestreckte Hand. Dieser läuft zur gegenüberliegenden Mallinie, zieht die Kleidungsstücke an und läuft zurück. Hinter der Mallinie zieht er sie aus, der dritte zieht sie an und läuft los usw.
Es ist darauf zu achten, daß die Kleidungsstücke auch wirklich angezogen werden.
Selbstverständlich lassen sich noch andere Kleidungskombinationen finden.

Wirf drüber – schlüpf drunter!
11–14jährig

Geräte: 2 kleine Seilchen oder 1 größeres, 2 Bälle
Zwei Parteien stehen in Staffelform hinter einer Startlinie. In einer Entfernung von ungefähr 10 m wird, in etwa 1 m Höhe, ein Seil gehalten. Der erste Läufer jeder Staffel hat einen Ball oder ein Bohnensäckchen in der Hand. Auf Startzeichen des Lehrers laufen sie mit dem Ball in der Hand los. Vor dem Seil müssen sie den Ball über das Seil wegwerfen, dann selbst unter dem Seil durchschlüpfen und den Ball auf der anderen Seite wieder fangen. Nach dem Fang wiederholt sich der gleiche Vorgang in umgekehrter Richtung. Wieder wird der Ball über das Seil geworfen, unter dem Seil wird durchgeschlüpft. Der Ball wird wieder auf der anderen Seite gefangen. Nach dem Fang darf er dem zweiten hinter der Startlinie stehenden Spieler zugeworfen werden. Dieser setzt die Staffel in der gleichen Weise fort, während der erste Läufer als letzter Mann in der Reihe Aufstellung nimmt. Die Partei, die zuerst die erste Aufstellung wieder erreicht, hat gewonnen.

Lauf durch – spring drüber

11–14jährig

Geräte: je Mannschaft ein Schwingseil, eine Schnur (Bank) als Hindernis

Die Mannschaften stehen hinter einer Startlinie. Auf Startzeichen müssen sie erst das schwingende Seil durchlaufen, dann das Hindernis überspringen und um eine Markierung zurücklaufen zum Startplatz. Die Anzahl der gleichzeitig startenden Läufer jeder Mannschaft bleibt dieser überlassen. Wer das Seil im Schwingen stört, muß zurück und erneut durchlaufen. Gewonnen hat die Mannschaft, die zuerst vollzählig wieder hinter der Startlinie steht.

Abänderung: Es können mehrere Seilchen eingebaut werden, die, in einer Richtung geschwungen, durchlaufen oder übersprungen werden.

Fußreise der Säckchen

11–14jährig

Geräte: für jede Gruppe ein Bohnensäckchen
Zwei oder mehr Gruppen sitzen in Staffelform auf dem Boden. Von Vordermann zu Hintermann jeweils 1 m Abstand. Vor dem ersten jeder Partei liegt ein Bohnensäckchen. Auf Startzeichen des Lehrers wird das Säckchen zwischen die Füße genommen und über den Kopf nach hinten weitergereicht; hier wird es wiederum mit den Füßen aufgenommen und so von Mann zu Mann weitergereicht. Der letzte in der Reihe darf das Säckchen mit den Händen annehmen. Er steht auf, läuft nach vorne, setzt sich, klemmt das Säckchen zwischen die Füße, und wiederum wird es mit den Füßen von Mann zu Mann nach hinten gereicht. Die Partei, die zuerst die ursprüngliche Aufstellung wieder erreicht hat, hat gewonnen.
Abänderung: Man kann die Staffeln auch in Linie nebeneinander setzen und das Säckchen von links nach rechts mit den Füßen weiterreichen lassen. Die Abstände dürfen nicht zu klein sein. Wichtig ist, daß das Säckchen nur mit den Füßen weitergegeben wird.

Der Weg über die Inseln

11–14jährig

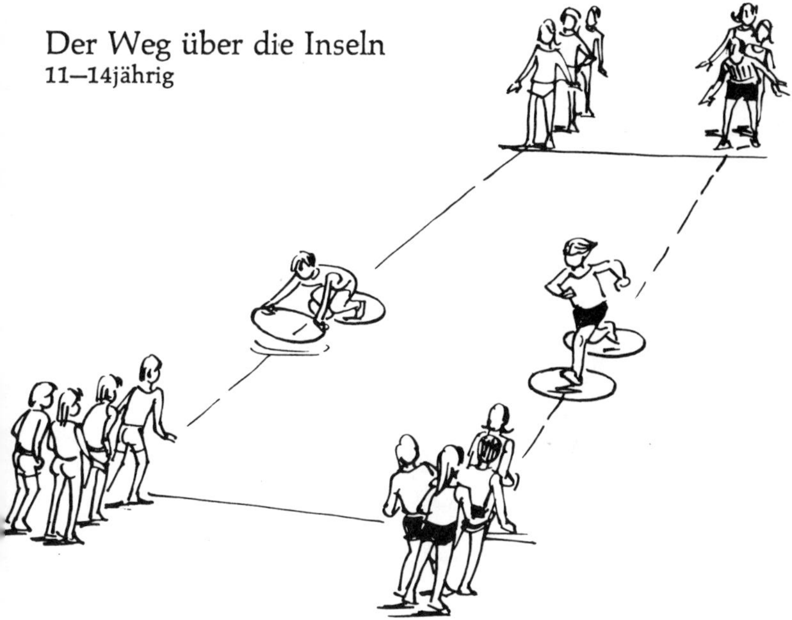

Geräte: für jede Gruppe zwei Reifen oder auch Pappen

Die Kinder stehen in Pendelstaffelaufstellung in einer Entfernun von 12–15 m von einander hinter einer Startlinie. Das erste Kind jeder Gruppe hat zwei Reifen oder zwei Pappstücke. Nach dem Startzeichen legt das erste Kind einen Reifen vor sich, springt hinein und legt den anderen dann vor. Danach legt es wieder den ersten Reifen vor, und so geht es weiter bis zur anderen Seite. Wenn der erste Läufer so dicht an seinem Partner steht, daß er ihm einen Reifen überreichen kann, während er in dem anderen noch steht, erfolgt Ablösung. Der Boden darf zwischen den Ringen nicht berührt werden.

Schwieriger wird diese Staffel, wenn anstelle der Reifen stabile Blechdosen u. ä. verwendet werden.

Nummernwettlauf

11–14jährig

Geräte: keine

Beliebig viele Mannschaften stehen in Reihen nebeneinander. Je Mannschaft 5–10 Spieler, im Abstand von etwa 2 Schritt. Die einzelnen Reihen zählen durch: Nummer 1 steht vorne. Jeder muß seine Nummer kennen. Bei Aufruf einer Zahl starten die Läufer mit dieser Nummer aus ihren Reihen heraus und laufen einmal um die eigene Reihe herum auf ihren alten Platz zurück. Die Reihe, deren Läufer zuerst am alten Platz ist, erhält 1 Gewinnpunkt. Gewonnen hat die Mannschaft mit den meisten Gewinnpunkten.

Abänderungen: Im Schlängellauf, auf einem Bein hopsen, auf allen Vieren, durch die gegrätschten Beine, mit Bockspringen.

In Kreisform durchgeführt, läßt man jeweils von 1–5 durchzählen und hat somit die Mannschaften sternförmig in einem großen Kreis stehen.

Säckchenhüpfstaffel
11–14jährig

Geräte: für jede Gruppe ein Bohnensäckchen und 4 Keulen
Die Gruppen stehen in Staffelform hinter einer Startlinie. Auf einer Strecke von etwa 15 Metern sind 4 Keulen in gleichmäßigen Abständen verteilt. Vor dem ersten jeder Gruppe liegt ein Bohnensäckchen. Die Säckchen werden zwischen die Füße geklemmt und so mittels kleiner Schlußsprünge um die Keulen herum befördert. Hinter der letzten Keule wird das Säckchen aufgenommen und nun gilt es, in Schlangenlinien möglichst geschickt um die Keulen herum wieder zurückzulaufen. Dem nächsten in der Reihe wird das Säckchen zwischen die Füße gelegt. Der erste Läufer stellt sich als letztes Glied in der Staffel wieder auf. Die Partei, die zuerst wieder ihre ursprüngliche Aufstellung hat, hat gewonnen.
Bohnensäckchen aus dichtem Stoff, etwa 10 x 12 cm groß, gefüllt mit 150 Gramm Bohnen (Erbsen).

Toter Mann
11–14jährig

Geräte: keine
Die Spieler sitzen im Kreis so, daß die gestreckten Beine zur Mitte zeigen und gerade noch Platz für einen hier stehenden Spieler lassen. Dieser läßt sich als „toter Mann“ (im Körper gestreckt) steif in eine Richtung fallen. Die Sitzenden fangen ihn mit den Armen ab und schieben und stoßen ihn möglichst der Gegenseite zu. Gelingt dies nicht, und der „tote Mann“ bleibt auf einem Spieler liegen, wird dieser „toter Mann“.

Seilzeck
11–14jährig

Geräte: mehrere Sprungseilchen
Etwa 12 Kinder bilden einen Kreis. Ein aus zwei oder drei Seilchen geknüpfter Kreis wird von allen mit beiden Händen gefaßt. Die Kinder stehen dicht zusammen. Ein Kind steht in der Mitte des Kreises und versucht sich zu erlösen, indem es eines der Kinder, die das Seil halten, abschlägt. Jegliches Berühren (Hand oder Körper) zählt als Abschlag. Die Kinder am Seil versuchen sich zu retten, indem sie kurz das Seil loslassen und zurückweichen. Das Kind in der Mitte ist erlöst, wenn es ihm gelingt, ein außenstehendes Kind zu berühren, oder wenn das Seil den Boden streift.

Kegeljunge
11–14jährig

Geräte: 3 Keulen, möglichst viele kleine Bälle
Auf der Breitseite des Spielfeldes (etwa 10 m) bewacht der Kegeljunge 3 Keulen, die mit 40 cm Zwischenraum aufgebaut sind. Gegenüber, an der ungefähr 12 m entfernten Abwurflinie, stehen die übrigen Spieler, jeder mit einem kleinen Ball. Sie versuchen, durch Zielwürfe die Keulen umzuschießen. Bei Treffern muß der Kegeljunge die Keulen sofort wieder aufbauen. Wer seinen Ball verschossen hat, muß ihn zurückholen, wobei er vom Kegeljungen abgeschlagen werden kann. Das Abschlagen ist nur gültig, wenn alle Keulen stehen. Der Abgeschlagene wird Kegeljunge.
Das Spielfeld soll hinter den Kegeln möglichst durch eine 8 bis 10 m von diesen entfernte Wand begrenzt sein.

Wirf und lauf dich frei

11–14jährig

Geräte: Bälle. Anzahl etwa $^1/_4$ weniger als Spielende

In einem begrenzten Spielfeld haben von beliebig vielen Spielern einige keinen Ball. Die Spieler stehen nicht, sondern bewegen sich frei im Raum. Ein Jäger (ohne Ball) versucht einen Spieler abzuschlagen, der beim Abschlag noch im Besitz eines Balles ist. Dieser kann sich vorm Abschlagen schützen, indem er geschickt ausweicht, ausreißt oder sich durch Ballabgabe an einen Spieler ohne Ball „frei wirft". Der geworfene Ball muß vom Spieler ohne Ball gefangen werden.

Der Jäger wechselt mit dem Spieler, der abgeschlagen wird, sofern dieser noch im Besitz eines Balles ist, oder mit dem Spieler, der einen zugeworfenen Ball nicht fängt. Das Spiel gelingt nur, wenn alle Spieler laufen und nicht etwa am Ort stehen bleiben.

Zehnerfang
11–14jährig

Geräte: ein Hohlball; begrenztes Spielfeld
Die Spieler werden in 2 Parteien eingeteilt, die sich über den Spielplatz verteilen können. Ziel ist es, 10 Fänge aus der Luft zu erzielen. Bei Beginn des Spiels wirft der Lehrer den Ball zwischen zwei Spielern hoch. Der Spieler, der den Ball bekommt, versucht nun, Spielern seiner eigenen Partei den Ball zuzuspielen, während die Gegenpartei ihrerseits versucht, den Ball in ihren Besitz zu bringen. Jeder zugespielte, aus der Luft gefangene Ball zählt einen Punkt.
Gewonnen hat die Partei, die zuerst 10 Punkte hat. Fehler sind: unfaires Spiel, Wegreißen des Balles, Übertreten der Spielfeldgrenzen mit dem Ball, Laufen mit dem Ball, zu langes halten des Balles (3 Sek.), Spielen des Balles ins Aus. Alle Fehler werden mit Freiwurf für die Gegenpartei bestraft. Beim Freiwurf muß der Gegner mindestens 4 m vom Ball entfernt sein. Gutes Dekkungsspiel ist anzustreben. Der Schiedsrichter zählt die Fänge laut mit. Das Spiel eignet sich als Handball-Vorbereitungsspiel. Zweckmäßig ist es, wenn 2 Schiedsrichter, jeder für eine Partei eingesetzt werden.

Balltreiben
11–14jährig

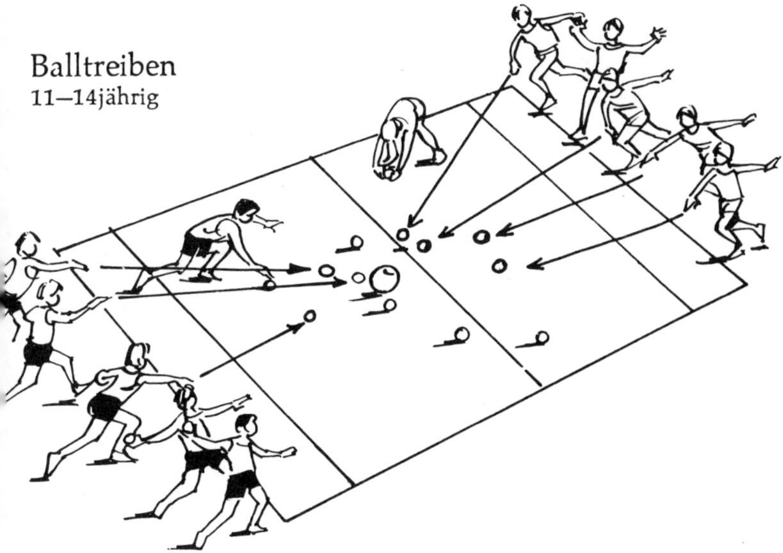

Geräte: 1 Hohlball, kleine Bälle aller Art (möglichst für jedes Kind ein Ball)

Die Parteien stehen sich am Ende ihres jeweiligen Spielfeldes hinter der Abwurflinie gegenüber. In 1–2 m Entfernung vor der Abwurflinie befindet sich in jedem Feld eine Torlinie. Der in die Mitte des Feldes gelegte Hohlball muß durch Zielwürfe getroffen und so über die gegnerische Torlinie getrieben werden. Beginn des Spieles erfolgt auf Startzeichen. Die geworfenen Bälle müssen schnellstens wieder aufgehoben werden, um erneut als Wurfgeschosse Verwendung zu finden. Beim Zielwurf darf die Abwurflinie nicht überschritten werden. Der Zielball darf nur mit den Wurfbällen gestoppt werden. Tor ist, wenn der Zielball die gegnerische Torlinie überrollt hat.

Im Freien ist es ratsam, daß jeder Werfer einen Gehilfen als „Ballzubringer" hat. Diese wechseln nach einer bestimmten Zeit mit den Werfern.

Ringhupf
11–14jährig

Geräte: 1 Tennisring

Es ist möglich, ein Mannschaftsspiel in der Art des „Hickspielens" durchzuführen. Ziel ist es, einen Ring durch Hüpfen ins Tor zu bringen. Die Tore können am Ende der Halle sein, in den Ecken oder auch auf dem Boden als Kreise (2 m Durchmesser) eingezeichnet werden. Bei letzterer Anordnung muß der Ring im Kreis liegenbleiben. Die Spieler müssen den Ring mit dem Fuß, auf dem sie hüpfen, weiterbefördern. Das Hüpfbein darf beliebig oft gewechselt werden. Wer direkt oder indirekt ins Spiel eingreift, muß auf einem Bein stehen. Jeder Fehler zieht „Freihupf" für die Gegenpartei nach sich. Jedes Tor zählt als ein Punkt. Nach einem erfolgreichen Tor beginnt das Spiel durch Einwurf des Lehrers. Um unfaires Spiel zu vermeiden, läßt man die Spieler zunächst die Hände vor der Brust verschränken. Erst bei gutem Spiel dürfen die Arme heruntergenommen werden.

Fußball im Kreis
11–14jährig

Geräte: ein Hohlball

Die Spieler bilden einen Kreis in Reichweite. Der Ball befindet sich im Kreis und die Spieler versuchen, ihn durch eine Lücke im Kreis nach außen zu spielen. Jeder Spieler hat ein Stand- und ein Spielbein (abwechselnd nach Angabe des Lehrers das rechte oder das linke Bein). Mit dem Spielbein muß der Ball abgewehrt und weitergespielt werden. Gelangt der Ball durch eine Lücke nach außen, so scheidet der Spieler aus, dessen Spielbein die Lücke zu decken hatte.

Abänderung: Das Spiel kann als Mannschaftsspiel gespielt werden, wenn der Kreis in zwei Parteien, die sich gegenüberstehen, geteilt wird. Jedes Tor durch die Lücke zählt dann als Punkt.

Wer hat die meisten Treffer?

11–14jährig

Geräte: 1 oder 2 Bälle, Bänder oder sonstige Kennzeichnung; begrenztes Spielfeld

Die Kinder sind in 2 gleich große Parteien eingeteilt, die durch Bänder oder andere Kennzeichen unterschieden sind. Partei A hat einen Ball und versucht, durch Einkreisen der Gegenspieler soviel Treffer wie möglich zu erzielen. Jeder Treffer zählt als ein Punkt. Der getroffene scheidet nicht aus, sondern kann immer wieder abgetroffen werden. Nach einer gegebenen Zeit (2 Minuten) erfolgt Wechsel. Partei B bekommt den Ball. Partei A weicht aus. Wer in 2 Minuten die meisten Treffen erzielt, hat gewonnen.

Abänderung: Bei geschulten Gruppen kann gleichzeitig mit 2 Bällen gespielt werden.

Werfer gegen Läufer
11–14jährig

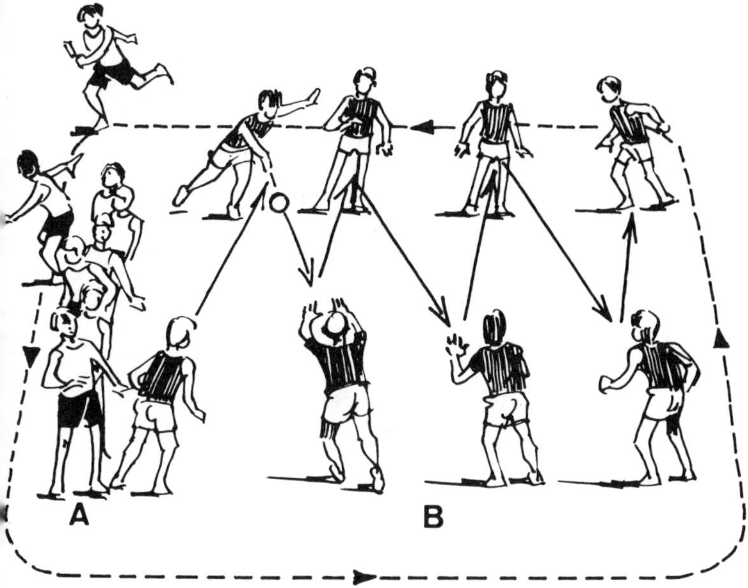

Geräte: 1 Ball und 1 Staffelstab
Die Mannschaft „A" läuft eine Staffel auf vorgeschriebener Strecke, während Mannschaft „B" gleichzeitig einen Ball in vorgeschriebener Reihenfolge von Spieler zu Spieler wirft und dabei die Würfe laut mitzählt. Hat der letzte Staffelläufer sein Ziel erreicht, beendet die werfende Mannschaft ihre Würfe und gibt die Anzahl der Fänge bekannt. Die Mannschaften wechseln nunmehr die Plätze. Gewonnen hat die Partei, die nach Beendigung der Staffel die meisten Fänge hat.

Kreisstaffel
11–14jährig

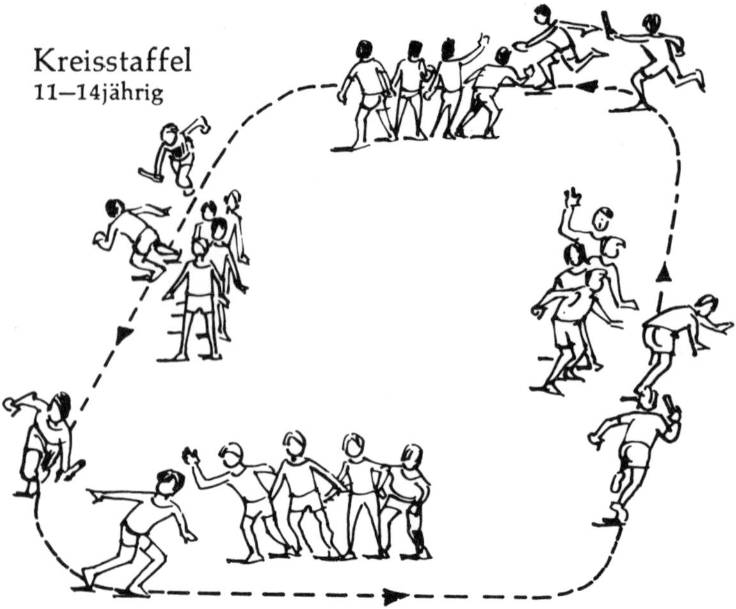

Geräte: für jede Mannschaft einen Staffelstab
Die Mannschaften stehen an den 4 Seiten des Spielfeldes in Reihe. Nr. 1 jeder Mannschaft hat den Stab in der linken Hand. Auf Startzeichen läuft er um alle anderen Mannschaften herum, übergibt den Stab Nr. 2 in die rechte Hand und läuft auf seinen alten Platz. Nr. 2 stellt sich zur Stababnahme etwas außerhalb seiner Mannschaft, höchstens 6 m hinter seinem eigenen Startplatz auf, übernimmt den Stab innerhalb eines Wechselraumes von 12 m mit der rechten Hand, wechselt den Stab während des Laufs von der rechten in die linke Hand und übergibt an Nr. 3, und so fort. Der letzte Läufer jeder Mannschaft läuft nach Vollendung seiner Runde in ein vorbezeichnetes Mal innerhalb des Kreises. Gewonnen hat die Mannschaft, deren letzter Läufer zuerst das Mal erreicht.

Barlauf
11–14jährig

Geräte: 2 Malstangen
Das Spielfeld ist ein Rechteck von etwa 20 x 30 m.
Zwei gleichstarke Mannschaften stehen sich hinter ihrer jeweiligen Mallinie gegenüber. Jede versucht durch Laufen und Abschlagen Gefangene zu machen. Jeder Spieler hat Schlagrecht über alle Gegner, die vor ihm ihr Mal verlassen haben.
Spieleröffnung erfolgt durch Herauslaufen eines Spielers. Damit lockt er einen Gegenspieler heraus, ihn abzuschlagen. Dieser lockt wiederum einen Gegenspieler heraus. So geht das Spiel hin und her, bis es gelingt, einen Gegenspieler durch Berühren abzuschlagen. Dabei muß laut „Halt" gerufen werden, und das Spiel ruht, bis der Gefangene im Gefangenenmal steht. (Eine Malstange, etwa 4 m von der Mallinie entfernt, in der rechten Ecke des Eigenfeldes.) Wer die Seitenlinie überläuft, zählt als Gefangener. Bei 3 Gefangenen hat die Partei 1 Punkt, und die Gefangenen dürfen wieder mitspielen. Kommt ein Spieler ungeschlagen bis zum Gefangenenmal, kann er durch Berühren einen seiner Gefangenen erlösen. Der Erlöste hat freien Abzug zum eigenen Mal, der Retter kann zurück – oder über die gegnerische Mallinie laufen. Letzteres zählt einen Punkt, und er hat freien Abzug zum Eigenmal. Gewonnen hat die Partei, die nach einer bestimmten Zeit die meisten Punkte hat.

Schlag und Lauf

11–14jährig

Geräte: 1 Schlagball, 1 Schlagholz, 3 Grenzfähnchen
Mannschaft: 6–12 Spieler

Eine Partei (Schläger) steht hinter dem Schlagmal, die andere (Fänger) gut im Feld verteilt. Hinter jedem Eckfähnchen steht ein Fänger. Der Schläger versucht nach seinem Schlag, die durch die drei Eckfähnchen abgesteckte Runde zu vollenden, bevor der Ball von der Feldpartei ins Mal zurückgespielt ist. Der Ball darf von der Feldpartei erst ins Mal zurückgespielt werden, wenn er von den drei hinter der Eckfahne stehenden Fänger und dem Vorderspieler berührt worden ist. Nur bei vollendetem Lauf eines Schlägers erhält die Schlagpartei einen Punkt. Haben alle Schläger einmal geschlagen, ist Feldwechsel. Gewinner ist, wer bei Spielende die höchste Punktzahl hat. Im Anfang können drei Schlagversuche gestattet werden. Ist der Ball auch dann noch nicht getroffen, wird er dem Vorderspieler mit der Handfläche zugeschlagen.

Zwei laufen!
11–14jährig

Geräte: 1 Schlagball oder Handball
Spielfeld: Rechteck 50 x 25 m. An der unteren Spielfeldgrenze zwei Freimale/Stangen im Abstand von etwa 8 m.

Die Läufer stehen hinter der oberen Spielfeldgrenze. Die Fänger sind über das Feld verteilt. Der Ball ist ständig im Feld. Die Läufer haben die Aufgabe, von der Grundlinie aus zu den beiden Freimalen zu laufen und wieder zurück, ohne daß sie abgetroffen werden. Gelingt ihnen ein Lauf, so haben sie einen Punkt gewonnen. Es müssen ständig 2 Läufer im Feld sein (nicht mehr, nicht weniger!). Verstößt die Läuferpartei gegen diese Regel, so erfolgt Wechsel der Parteien. Weiterhin wird nach jedem gültigen Abwurf eines Läufers durch die Fänger Wechsel erzielt; auch das Übertreten der Spielfeldgrenzen zieht Wechsel nach sich. Die Läufer sind numeriert und müssen in der Reihenfolge ihrer Nummern laufen.

Die Partei, die in einer gegebenen Zeit die meisten Läufe erzielt hat, ist Gewinner.

Brennball
11–14jährig

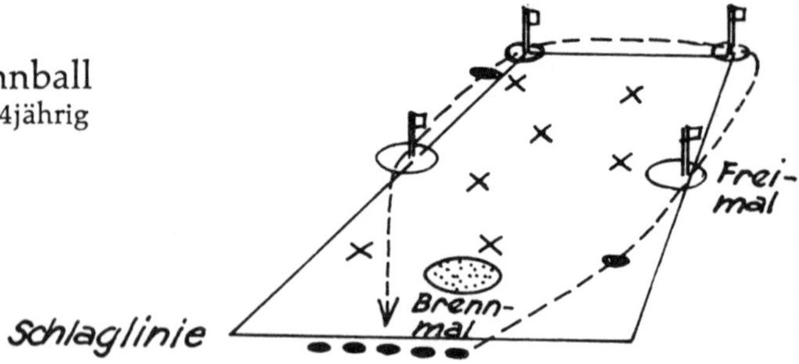

Geräte: Schlagholz, Wurf-Schlagball
Spielfeld: 50 x 25 m, 4 Freimale durch Fähnchen gekennzeichnet, 5 m von der Schlaglinie und 5 m von der linken Seitenbegrenzung ist das „Brennmal" (Kreis von 1 m Durchmesser).
Die Schlagpartei steht hinter der Schlaglinie. Die Fangpartei ist im Lauffeld verteilt. Die Schlagpartei schlägt in der Reihenfolge der Nummern den Ball ins Spielfeld. Nach dem Schlag muß sich die Schlägerin das Schlagrecht wieder erwerben durch eine „Runde". Die Schläger müssen beim Lauf darauf achten, daß sie in dem Augenblick, in dem der Ball im Brennmal zu Boden geworfen wird, ein Freimal erreicht haben. Der Ball ist verbrannt, wenn der Fänger den Ball im Brennmal zu Boden wirft und dabei ruft: „Verbrannt". Steht ein Läufer in diesem Augenblick zwischen zwei Freimalen, so ist er verbrannt und scheidet bis zum Malwechsel aus. Er stellt sich auf die Verlängerung der Schlaglinie. Ist kein schlagberechtigter Spieler mehr im Schlagmal, so ist die Partei ausgehungert. Es findet Malwechsel statt. Gewertet werden die „Runden" der Schläger mit je einem Punkt. Gelingt es einem Schläger, nach seinem eigenen Schlag in „einem Zug" eine Runde zu laufen, so erhält er vier Punkte. Die Feldpartei bekommt für den Fang des geschlagenen Balles aus der Luft einen Punkt. Die Partei, die in einer gegebenen Zeit die meisten Punkte erreicht, hat gewonnen.
Abänderung: Um das Ausscheiden der Kinder zu vermeiden, kann Malwechsel gegeben werden, sobald ein Schläger „verbrannt" ist.

Burgball

11–14jährig

Geräte: 1 Hohlball, 3 zusammengebundene Stäbe als Turm
Die Spieler bilden einen Kreis, in dessen Mitte der Turm steht. Ein Spieler steht zur Verteidigung vor dem Turm in der Mitte. Die Außenspieler versuchen, den Turm zu treffen und zum Umstürzen zu bringen. Dies kann durch direkten Wurf oder nach Zuspielen geschehen. Der Verteidiger darf den Ball in beliebiger Weise abwehren, doch muß er immer mit dem Rükken zum Turm stehen. Treffer gegen den Turm sind nur gültig, wenn der Werfer nicht die Kreislinie übertreten hat. Wer den Turm zum Umstürzen gebracht hat, darf als Verteidiger in den Kreis.
Abänderung: Es können auch 2 Spieler den Turm verteidigen. Anstelle der Stäbe kann auch ein Bock auf dem ein Medizinball liegt, der getroffen werden soll, Verwendung finden.

Jägerball mit dem Fuß

11–14jährig

Geräte: 2 Bälle (Fußbälle)

Die Kinder verteilen sich in einem begrenzten Feld. Als Jäger haben sie einen Ball in Besitz. Ein Kind wird zum Hasen ernannt, der ebenfalls einen Ball besitzt. Der Hase führt seinen Ball mit dem Fuß kreuz und quer in dem Feld, die Jäger spielen sich den Ball so zu, daß eine günstige Situation entsteht, in der der Ball des Hasen getroffen werden kann. Das Bemühen der Jäger gilt ausschließlich dem Ball und nicht dem Hasen. Derjenige, der den Hasenball getroffen hat, wird zum Hasen.

Abwandlung: Es darf von den Jägern nur direkt gespielt werden.

Spinnenfußball

11–14jährig

Geräte: 1 Hohlball

Das Spiel eignet sich nur für die Halle oder einen Rasenplatz. Die Mannschaften sind möglichst so einzuteilen, daß Feldspieler und Torspieler zahlenmäßig übereinstimmen. (Etwa 5 Torspieler und 5 Feldspieler je Mannschaft.) Die Spieler bewegen sich nur im Liegestütz rücklings. Der Ball darf mit den Füßen und mit dem gesamten Körper, mit Ausnahme von Hand und Arm, gespielt werden. Dies gilt auch für die Torleute, die den Ball ebenfalls nur im Liegestütz rücklings abwehren und spielen. Die Torhöhe beträgt etwa 1 m. Die Torbreite richtet sich nach der Anzahl der Spieler. In einer Entfernung von 2 m vor der Torlinie ist eine Torraumlinie, die nicht übertreten werden darf. Jeder Fehler zieht Freistoß nach sich. Bei Handfehler der Torleute erfolgt unbehinderter 6-m-Stoß auf das Tor. Nach 5 Minuten Spielzeit wechseln Feldspieler und Torleute.

Kegelball

11–14jährig

Geräte: 1 kleiner Medizinball von 15–20 cm Durchmesser, sonst auch Hohlball

Zwei sich gegenüberstehende Parteien versuchen, den Ball durch kegelartige Würfe oder durch Rollen über die gegnerische Torlinie zu spielen. Der Ball darf nur bis Kniehöhe gehoben und gespielt werden. Nur Tore bis Kniehöhe zählen. Fußspiel ist nicht erlaubt. Die Spielfeldgröße, vor allem die Torbreite, richtet sich nach der Anzahl der Spieler. Um Feldspieler und Torleute nach einer gewissen Zeit austauschen zu können, empfiehlt sich gleiche Anzahl derselben. Die Torleute knien an der Torlinie. Gutes Zuspielen und Freistellen ist anzustreben. Je kleiner der Ball, je weniger Spieler, desto flüssiger das Spiel. Es ist ratsam, in etwa 3 m Entfernung von der Torlinie eine zweite Linie als Torraumlinie festzulegen.

Prellball
11–14jährig

Geräte: 1 Hohlball, Turnbank oder Schnur
Zwei Parteien von 3–5 Spielern stehen sich gegenüber. In der Mitte des Feldes steht eine Turnbank oder es wird eine Schnur in 30 cm Höhe gespannt. Es kann auch eine 1 m breite Sperrzone eingezeichnet werden. Ziel ist, den Ball mit der geschlossenen Hand (Faust) über das Hindernis zu prellen, so daß er möglichst nicht von der Gegenpartei zurückgeprellt werden kann. Der Ball kann direkt zurückgeprellt oder einem Spieler der eigenen Mannschaft zugespielt werden. In jedem Fall muß der Ball, ehe er über das Hindernis ins Gegenfeld springt, nach dem Schlag erst im eigenen Feld aufgeprellt sein. Im eigenen Feld darf der Ball insgesamt dreimal, und von drei verschiedenen Spielern, berührt werden. Jeder Fehler der einen Partei zählt als Gutpunkt für die Gegenpartei. Wer zuerst 15 Punkte hat, ist Gewinner. Fehler sind: Berühren des Hindernisses durch den Ball, Spielen über Seiten- oder Endlinie, bevor der Ball den Boden oder einen Gegenspieler berührt hat, mehr als einmaliges Aufprellen des Balles auf den Boden, offene Hand, Körperfehler. Angabe hat die Partei, die den Fehler gemacht hat.

Handball durch den Kasten

11–14jährig

Geräte: 1 Hohlball, 2 offene Kastenteile

Es gelten die Regeln des Handballspieles. Beim Laufen mit dem Ball ist jedoch nur einmaliges Auftippen auf den Boden gestattet, dann Abgabepflicht. Als Tor zählt, wenn der Ball durch das quergestellte, offene Kastenteil gespielt ist. Es empfiehlt sich, einen Schußkreis von ungefähr 3–4 m um das Tor zu ziehen. Bei kleinen Spielfeldern ist es zweckmäßig, nur ein Tor in die Mitte des Raumes zu stellen. Rund um das Tor spielt sich nun das Spiel der beiden Mannschaften ab, jede Mannschaft kann bei diesem im Mittelpunkt stehenden Tor zum Torerfolg kommen.

Leinenhandball

11–14jährig

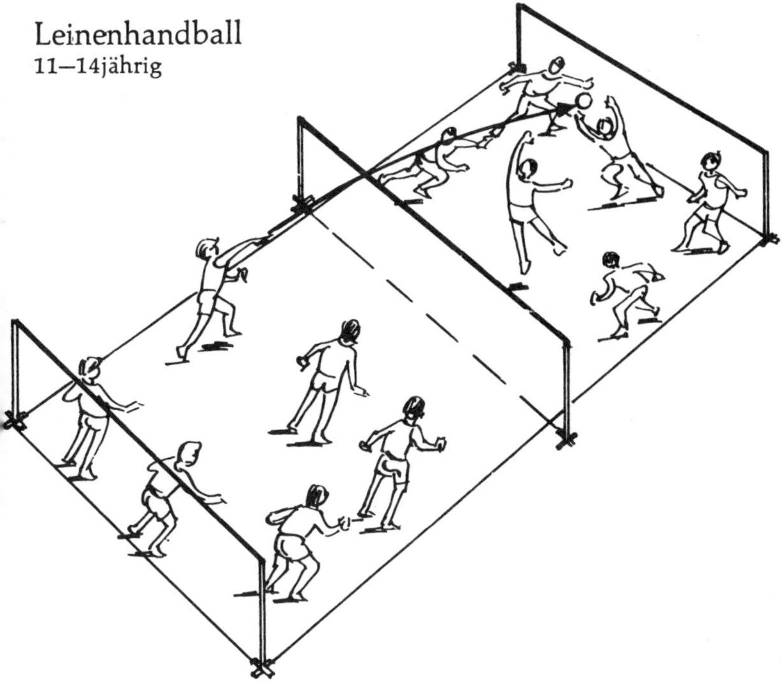

Geräte: 1 Handball, 3 Leinen, 6 Ständer
Tore: ganze Hallenbreite, Hallenwand, 2,40 m hoch gespannte Leine
Zwei sich gegenüberstehende Parteien versuchen, den Ball über die 1,70 bis 2 m hohe Leine des Mittelfeldes ins gegnerische Tor zu werfen. Dabei darf die Abwurflinie nicht übertreten werden. Berührt der Ball den Boden im gegnerischen Feld, so erhalten die Werfer 1 Punkt, erzielen sie ein Tor, so erhalten sie 2 Punkte. Die Parteien werfen im Wechsel. Zuspiel im eigenen Feld ist bis zur Abwurflinie erlaubt.

Bockball
11–14jährig

Geräte: 2 Böcke (Kästen, Pferde), 2 Bälle als Ziel, 1 Hohlball
Mannschaft: je 5–10 Spieler
Ein auf einem Bock ruhender Ball muß von der Gegenpartei heruntergeworfen werden. Der rings um den Bock gezogene Schußkreis (ca. 3 m) darf nicht betreten werden. Es gibt keinen bestimmten Tormann. Regeln wie bei Handball. Beim Lauf mit dem Ball darf dieser jedoch nur einmal aufgetippt werden. Auch Basketballregeln sind anwendbar.

Ball über die Schnur im Sitzen

11–14jährig

Geräte: 1 Ball, 2 Ständer, 1 Schnur
Die Mannschaften von je 3–6 Spielern sitzen sich gegenüber. Der Ball wird über die Schnur geworfen oder gestoßen und muß von der Gegenpartei gefangen werden. Fehler sind: wenn der Ball die Schnur berührt, wenn er den Boden berührt, wenn er unter der Schnur hergespielt wird, wenn er ins „Aus" geht, ohne vorher von einem Spieler berührt worden zu sein. Jeder Fehler der einen Mannschaft zählt als Gutpunkt für die andere. 15 gewonnene Punkte entscheiden ein Spiel. Für den Sieg sind 2 gewonnene Spiele erforderlich. Im eigenen Spielfeld kann beliebig oft zugespielt werden. Die Spieler müssen gut im Feld verteilt sein. Die Größe des Feldes richtet sich nach der Anzahl der Spieler. (Bei 6 Spielern etwa 10 m x 10 m.) Die Höhe der Schnur ist vom Gewicht des Balles und vom Alter der Spieler abhängig. (Für 12jährige etwa 1,20–1,50 m hoch.)
Abwandlung: Spiel mit 2 Bällen auf kleinerem Spielfeld (5 mal 5 m).

Ball unter die Schnur
11–14jährig

Geräte: 1 Hohlball, 1 Schnur, Ständer
Schnurhöhe: 50–60 cm
Der Ball wird unter der Schnur her ins gegnerische Feld gespielt mit dem Ziel, daß er die Seitengrenze oder die Endlinie passiert. Zu beiden Seiten der Schnur wird ein Freiraum von 2 m gebildet, der nicht betreten werden darf. Die Gegenmannschaft versucht den Ball vor dem Ausgehen abzufangen. Gelungener Ausball zählt einen Gewinnpunkt. 15 Punkte entscheiden ein Spiel. Für den Sieg sind zwei gewonnene Spiele entscheidend.

Fußball über die Schnur

11—14jährig

Geräte: 1 Fuß-, Faust- oder Gymnastikball, 1 Leine, 2 Ständer
Schnurhöhe: 1,50—2 m
Der Ball wird mit Fuß, Knie, Oberschenkel oder Kopf von Partei zu Partei über die Leine gespielt. Er darf im eigenen Feld von drei verschiedenen Spielern berührt werden. Der Ball darf direkt oder nach einmaligem Auftippen auf den Boden gespielt werden. Fehler sind: wenn der Ball ins Aus gespielt wird, wenn er unter der Leine hindurch gespielt wird oder dieselbe berührt, und wenn die Hand zu Hilfe genommen wird. Jeder Fehler der einen Partei zählt als Gutpunkt für die andere. 20 Gewinnpunkte entscheiden das Spiel.
Schwierigkeitssteigerung: Der Ball darf im eigenen Feld den Boden nur einmal berühren.

Ringhockey

11–14jährig

Geräte: 1 Tennisring, je Spieler einen Stab (Stock), 2 kleine Tore (1 m hoch)

Als Spielfeld eignet sich nur ein völlig glatter Boden (Halle). Zwei Parteien (je 5–10 Spieler) suchen den Tennisring mit Hilfe eines Stabes durch das gegnerische Tor zu spielen. Der Ring wird mit Hilfe eines Stabes durch eine Schlenzbewegung geführt (auf dem Boden langgleiten und dann fortschleudern des Ringes). Der Stock darf beim Spiel nur innerhalb des Ringes eingesetzt werden. Schlagen des Ringes von außen ist nicht gestattet. Spielbeginn und Ahnden von Fehlern wie bei Hockey. Um die etwa 1 m hohen Tore, 1,80 m breit, ist ein Schußkreis von etwa 2,50 m Durchmesser gezogen. Der Torhüter steht oder kniet im Schußkreis. Tore können in beiden Richtungen erzielt werden. Der Tormann muß sich bei der Abwehr vor Selbsttor hüten. Mehr als 2 Spieler dürfen nicht am Ring sein.

Spiel um die Ecke

11–14jährig

Geräte: 1 Hohlball, 2 Tore

Auch kleine, der Länge nach nicht ausreichende Plätze lassen sich mitunter verlängern, indem man die Tore um die Ecke verlegt. Hand- und Fußballspiel können so nach bekannten Regeln gespielt werden. Die Spiele gewinnen durch das überraschende Auftauchen des Gegners an Reiz.

Korbball
11–14jährig

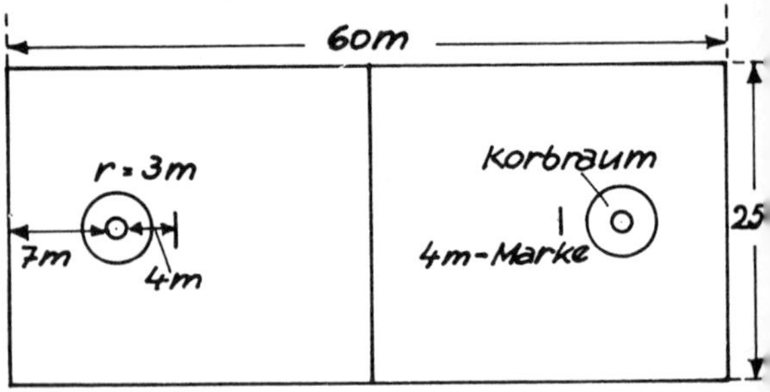

Geräte: 2 Ständer mit Körben, 1 Hohlball

Zwei Parteien von je 7 Spielern (Wettspiel) stehen sich in einem Spielfeld von 25 x 60 m gegenüber. Die Mittelpunkte der Seitenlinien sind durch die Mittellinie verbunden. Zu Beginn des Spieles darf die Mittellinie nicht überschritten werden. 5 m von der Mitte jeder Korblinie steht, innerhalb des Spielfeldes, der Korbständer mit dem Korb, um den ein Kreis – Korbraum – von 3 m Radius gezogen ist. Der Korb ist 2,50 m hoch. Vier Meter von dem Korb entfernt wird ein 1 m langer Strich, die Viermetermarke eingezeichnet. Drei Stürmer versuchen den Ball in den gegnerischen Korb zu spielen, unterstützt von drei Verteidigern, die den Hinterraum decken und ihren Stürmern den Ball zuspielen. Im Korbraum steht der Korbwächter, der bei der Abwehr weder Ständer noch Korb berühren darf. Fliegt der Ball über eine Seitenlinie, so hat die Gegenpartei an der entsprechenden Stelle Einwurf (mit beiden Händen über dem Kopf). Fliegt der Ball über die Korblinie, dann wird Eckwurf (Schnittpunkt der Korb- und Seitenlinie) gegeben, wenn er von der eigenen Partei über die eigene Korblinie gespielt wurde. Wird der Ball vom Angreifer über die Korblinie gespielt, so erfolgt Abwurf vom Korbraum. Bei Fehlern des Korbwächters erfolgt Freiwurf von der 4-m-Marke aus.

Anwurf, Eckwurf, Freiwurf erfolgen auf Anpfiff und sind innerhalb von 3 Sekunden auszuführen. Nach erfolgreichem Korbwurf beginnt das Spiel von neuem.

Im Hans Putty Verlag ist bereits ein breites Spektrum von Sportbüchern für Theorie und Praxis erschienen, wie z. B.:

J. Schmagold, J. Todtberg

5 Freunde machen Skilanglauf

(PSP-Praxis 1)

128 Seiten, DIN A 5 Querformat, DM 15,80
ISBN 3-87650-040-0

Ein aus dem Rahmen fallendes außergewöhnliches Sportbuch. Die Praxis und Theorie des Skilanglaufes aufgezeichnet in hunterten von Comic-Zeichnungen, als komplette Geschichte fortlaufend dargestellt. Ausrüstungen, Spiele, Gleiten, Diagonalschritt, Steigungen, Spurwechsel u. v. a. m. zeigt eine jugendliche Gruppe während eines Skilanglaufkurses.

Oda Dombrowski

Leichtathletik mit Grundschulkindern

(PSP-Praxis 2)

144 Seiten, 45 Abbildungen, Typoscript, DM 29,50
ISBN 3-87650-050-8

Wie können Grundschulkinder leichtathletisch gefordert und gefördert werden? Bei der praxisnahen Beantwortung dieser Frage steht das Bemühen im Vordergrund, Lernbereitschaft und Lernfähigkeit so zu entwickeln, daß kindliche Bewegungsfreude und Kreativität erhalten bleiben.

Wopp

Das kleine Skikursbuch

ADH 7

266 Seiten, 120 Abbildungen, DM 19,50
ISBN 3-87650-035-4

Praxisnahe Informationen zur Planung und Durchführung von Skikursen, zum Lernen und zur Verbesserung der Skifahrtechnik, eine Skikonzeption, die zu umweltbewußtem und verantwortungsvollem Skifahren führt, für Leute, die nicht rasen, sondern genießen möchten.

M. Quinckhardt, U. Steiner

Bewegen, Spielen, Tanzen

ADH 8

144 Seiten, div. Abbildungen, DM 16,–
ISBN 3-87650-041-9

Theoretische Begründung und praktische Durchführung der beiden Kurskonzepte „Sport für alle“ und „Musik und Bewegung“, für Sportlehrer, Übungs- und Kursleiter.

Dietrich, Dürrwächter, Schaller

Die Großen Spiele

ppp 3

224 Seiten, 140 Abbildungen, DM 18,80
ISBN 3-87650-012-5

Methodische Aufarbeitung von Basketball, Handball, Fußball und Volleyball. Komplizierte Handlungszusammenhänge dieser Mannschaftsspiele aus einfachen Bausteinen systematisch aufgebaut und zu einem spielmäßigen Konzept weiterentwickelt.

H. J. Schaller (Hrsg.)

Die Großen Partnerspiele

ppp 8

280 Seiten, 110 Abbildungen, DM 24,50
ISBN 3-87650-031-1

Dieser Band vereinigt Beiträge von fünf Autoren über Badminton, Indiaca, Tennis und Tischtennis. Gemeinsam verfolgen diese das Ziel eines „spielgemäßen Konzeptes"; schon die erste Begegnung mit den Partnerspielen zu einem freudigen Spielerlebnis werden zu lassen.

Egon Steinkamp

Was ist eigentlich Sport?

ppp 9

110 Seiten, 24 Abbildungen, DM 14,80
ISBN 3-87650-038-9

Die Verständigung über das, was Sport zu nennen ist, ist zunehmend schwieriger geworden. Dieses Buch gibt eine umfassende Antwort auf die gestellte Frage, es ist für jeden interessant, der Sport betreibt, ihn lernt oder daran nur interessiert ist.

Bitte fordern Sie unser Gesamtverzeichnis an.

Raum für Notizen

Raum für Notizen

Raum für Notizen

Raum für Notizen

Raum für Notizen

Raum für Notizen

Raum für Notizen

Raum für Notizen

Raum für Notizen

Raum für Notizen

Raum für Notizen